国語科授業サポートBOOKS

言葉の力 が楽しく身につく！

「読むこと」の活動ネタ事典

JN032800

山本 亘

著

明治図書

はじめに

　「読むこと」の力を付けるには，「読む視点をもたせること」と「読む基礎体力づくり」が必要です。どういうところに着目して読むのかということについて力を高めることと，「読むこと」に関する活動に日常的に取り組んで意識を高めることが大切だと考えます。

　「国語科は難しい。特に文学的文章や説明的文章はどのように教えてよいのか正直わからないときもある」という先生方の言葉をこれまで何度か耳にしたことがありました。また，国語科教育をこれからもっと深く学んでみたいという方に「読むことの力を育てるにはどうしたらいいのか。具体的な方法を教えてほしい」と相談を受けることもありました。
　そこには，「読むこと」の指導には時間と手間がかかるという思いや，子どもに合った具体的な手法が多く思い浮かばないということがあるのかもしれません。
　「読むこと」の指導だけとは限りませんが，子どもたちに付けさせたい力を見極め，これまでの多くの指導法研究や指導実践，そして教材研究をベースに，子どもたちの実態に応じてライブ感を忘れずに授業づくりをしていくことが大事だと私は思っています。また，冒頭にも書きましたが，「読む力」を高め，保たせるためには，日常的な取り組みも大切です。文学的文章や説明的文章の指導直後は子どもたちの力も意識も高まっていると感じることがあるかもしれません。しかし，しばらくして新しい教材を読む単元に入ると，力や意識が下がってしまっている……ということがあるのではないでしょうか。やはり，日頃の取り組みが大事なのです。

　しかし，だからといって，いつも同じ切り口の活動だけでは，子どもたちのモチベーションが下がったり，文章を味わう幅が極端に狭くなったりして

しまいます。そこで，「読むこと」の指導において，教材の特徴を生かしながら，子どもたちに必要な力を付けるための「活動ネタ」が多くあるとよいと考えました。

また，小学校6年間では，教科書の教材の持ち味をひと通り味わって終わりということがあるかもしれません。教材を素材，指導法を調理法と置き換えた場合，素材を生かした調理法は一つではありません。一つの教材，なかでも文学的文章の作品は様々な味わい方ができます。小学校生活の中で，子どもたちには様々な作品の味わい方を体験し，読みの楽しさを感じてほしいと思っています。

そこで，言葉に対する感覚を高めながら，文章に様々な方向からアプローチして「読む視点をもたせること」と「読む基礎体力づくり」ができるような活動を本書では紹介したいと思います。

活動はゲーム的なライトなものから，単元の中で使うことができるもの，自身の読書体験と結び付けるものなど，幅広いラインナップになっています。

本書は，活動を単元の指導計画の中に位置付けたり，国語の時間のはじめなどに単発で行ったり，朝の会や帰りの会，ちょっとしたスキマ時間，家庭学習の課題など，機会や子どもたちの実態に応じて使っていただけるよう構成してみました。

子どもたちが様々な活動を通して言葉に対する感覚と意識を高め，読む力を共に育み，楽しい国語科の学びの時間にできたらといつも考えております。

山本　　亙

目次

01

ひらがなロジックで
登場人物を確かめよう

使用場面 スキマ時間

つけたい力・視点 登場人物

ねらい どんな登場人物が出てきたのかゲームを通して意識付ける。

　低学年向けのネタですが，中・高学年でもできます。

　授業において，お話を読んだ後に「どんな登場人物が出てきましたか？」と問うのが一般的かもしれません。もちろん，それに子どもたちが答えていくという展開もよいですが，別なバージョンとしてひと工夫したのがこのネタです。

　せっかく，物語を学んでいくのですから，登場人物をしっかりと意識させたいものです。翌日になると，学んだことが記憶から薄れていくこともあります。国語の時間の前などに，頭の体操を兼ねて行うのをおすすめします。

　縦横（正方形が望ましい）に適当なマスをつくり，その中に登場人物名が連なって入るよう一文字ずつ入れます。ゲーム的なものですので，登場人物名はあえてひらがなかカタカナで統一したほうが，楽しんで取り組めます。

手 順

①学習する教材の登場人物名を書き入れたワークシートを作成し，配付する。
②やり方を説明し，学習した物語の中で出てきた登場人物名を丸で囲ませる。
③解答を確認する。

ポ イ ン ト

　マスの数は，子どもたちの実態に応じてください。マス目だけつくっておくと，他の活動にも活用できます（例えば，36字作文・36字であらすじ紹介・36字で登場人物にひと言など）。

　マスに入れる登場人物名は，慣れてきたら子どもたちにつくらせて，帰りの会やスキマ時間でやらせてもいいです。

　また，ここでは登場人物に関するロジックパズルですが，大事なキーワードなどにすると，説明文でも使うことができます。

【「ごんぎつね」でひらがなロジック例】

「ごんぎつね」の例（解答）

ご	ん	あ	か	さ	か
た	な	は	ま	す	や
ら	わ	い	け	き	し
ひ	よ	う	ち	に	ひ
み	り	じ	ゆ	う	を
い	わ	し	う	り	ふ

「ごんぎつね」の例

ご	ん	あ	か	さ	か
た	な	は	ま	す	や
ら	わ	い	け	き	し
ひ	よ	う	ち	に	ひ
み	り	じ	ゆ	う	を
い	わ	し	う	り	ふ

「きつねのおきゃくさま」の例

か	ひ	き	く	る	け
と	よ	こ	な	ひ	あ
こ	さ	き	つ	し	お
う	す	に	ね	せ	お
そ	さ	た	ぬ	ち	か
つ	ね	ぎ	て	の	み

ひらがなロジック用マス

02

体の向きを変えて音読しよう

（使用場面） 単元の前半，または場面読みの時間の最初

（つけたい力・視点） 登場人物への意識付け

（ねらい） 物語における話者を捉えさせる。

　物語の音読のときには，「誰が話している文なのか」を意識して読ませたいものです。

　役になりきる，声のトーンを変える等の方法も有効ですが，一斉音読だと誰が読めていて，誰が読めていないかがわかりにくくなります。そこで，会話文の部分をどの登場人物が話しているのかによって，体の向きを変えて音読させます。

　例えば，「お手紙」であれば，「がまくん」が話しているところなら右を向く，「かえるくん」なら左を向く，語り手のときは前を向くという感じです。実際に体を動かしながら音読させることで，教師の見取りを容易にするだけでなく，子どもたちには話者を捉える力をつけさせます。

手　順

①音読する場面を確認する。

②どの登場人物が話しているかによって，向きを変えて音読することを伝える。

③最初は全員で，次はペアやグループで行う。

ポイント

　体を動かしながら話者の切り替えをさせるところが大切です。一斉に子どもたちが動くので，上手にできているかがわかりやすいです。特に準備も必要なく，いつでもすぐに行うことができます。

【例「お手紙」】

T：お手紙の1の場面の音読をします。

　　この場面でお話をしている（言っている）のは誰ですか？

C：がまくんとかえるくん。

T：がまくんが言っているところの上に赤丸，かえるくんが言っているところの上に青丸を書きましょう（シールでも可）。

　　がまくんとかえるくんがそれぞれ言っているところがわかりましたね。

T：では，がまくんが言っているところは右を向いて読みます，かえるくんが言っているところは左を向いて読みます。そうでないところは前を向いて読みます。

T：それでは，みんなで読んでみましょう。

（音読スタート）

　「お手紙」はがまくんとかえるくんの掛け合いが特徴的な作品です。

　全体で一度行ったら，グループで行わせたり，向く方向を変えたりすることで子どもたちが楽しみながら活動することができます。

　登場人物が多い物語の場合は，教室にあるもの（例えば，時計の方向，ロッカーの方向，窓の方向，廊下の方向など）で向きを決めるとよいでしょう。

　「誰が言っているのかな」と考えさせながら楽しんで活動することによって，会話文の話者を捉える力を自ずと高めています。

03

登場人物主語ランキング

使用場面　文章全体の構造を捉えさせる場面

つけたい力・視点　登場人物

ねらい　物語が誰について多く語られているのか，主語を手がかりにして捉えさせる。

　物語の構造や内容について確認するためには，誰についてどのように語られているのかを知る必要があります。その際の手法の一つとして，登場人物を表す「主語」に着目させます。文章中の主語の出現数を調べることを通して，主人公に関することが多く語られていることが数字として見えてきます。

手　順

①物語の登場人物の主語を探すことについて伝え，登場人物を表す主語に線などの印を付けさせる。

②ランキング形式の表にまとめさせる。

③結果を交流して確認する。

ポ　イ　ン　ト

　「ごんぎつね」では，最後の場面において，主語が「兵十は」と続けて出てきます。主語を調べていくことで，主語の出現の仕方の特徴に気付くことができます。これまで「ごんは」で多く語られていたのが，「兵十は」が続けて出てきたことにより，視点人物の変化につなげることもできます。

ワークシート様式

登場人物主語ランキング　　名前

作品名「　　　　　　　　　　　　　　　　」

登場人物	主語ででてきた回数		順位
	メモ	回	位
	メモ	回	位
	メモ	回	位
	メモ	回	位
	メモ	回	位

04

絵や図の出てくる順番を思い出そう

使用場面 読みはじめ（初読など）

つけたい力・視点 文章の内容を捉えて読む。

ねらい 文章全体の内容を読んで捉える力を高める。

　深く読むためには，一読してどんな内容だったのかを理解できる力も必要です。

　普段の授業であれば，単元で文章を何度も読んだり，家庭学習で読んだりと，かなりの回数を読んでいることと思います。しかし，生活において文章を読むときやテストなどにおいては，たくさん読み返すということはあまりないでしょう。少ない回数の読みでも，内容を捉えることのできる力が大切です。また，授業や家庭学習で何度も読んでいたとしても，内容を捉えるという意識をもって読んでいないと，内容が頭に入っていないこともあります。

　そこで，少ない読みの回数で内容を捉えられるような機会をつくります。初読のときに，「読んだ後に，文章中にある絵や図だけを示すので，どの順番で出てくるか当ててください」と話して，子どもたちにどんな内容の文章だったのか，どの順に話が展開していくのか意識させて読ませます。

手 順

① （初読のときに）「『どのじゅんばんで出てきたでしょうゲーム』をします。読んだ後に，文章中にある絵や図だけを示すので，どの順番で出てくるか当ててください」と伝える。

②文章を読ませる（音読でも黙読でもよい）。

③文章中の絵や図がどの順に出てきたか当てさせる。

ポイント

　ゲーム感覚で行うのがよいです。読みと記憶力を合わせたゲームです。

　まずは，一人で考えさせてから，グループや全体で交流させます。そして，みんなで答え合わせをします。

　慣れてきたら，説明文であれば，その絵や図が「問題提起で使われたもの」「具体例で使われたもの」「まとめで使われたもの」といった，段落の役割と結び付けて答え合わせをしていきます。

【ワークシート例「くらしと絵文字」】

「どんなじゅんばんで出てきたでしょう」　名前

文章名「くらしと絵文字」

☆文章を読んで、絵や図の出てくるじゅんばんを考えよう

絵や図	お茶屋さんやかぎ屋さん	ヘッドライトやワイパー	歩行者用信号	せんたくやアイロンがけの仕方	こわれやすい品物	電話やトイレ	天気予報	まいご	ひじょう口やひなん場所	動物の足あと	工場などのきけんな場所	身のまわりのきかい
出てきたじゅんばん												
答え合わせ	2	3	1	5	7	4	6	8	10	9	12	11

出てきた順番をここに書かせます

構造と内容の把握

05

登場人物に似合う言葉は？

使用場面 登場人物はどんな人だったか振り返る場面

つけたい力・視点 登場人物像

ねらい 叙述を基に登場人物像の捉えを自分のものにさせる。

　登場人物はどんな人なのか，性格や特性など，叙述を基に自分の言葉で捉えられるようにします。

　本文の叙述を基にしながら，できるだけ子どもたちが自身のもっている言葉に置き換えさせるようにします。

　子どもたちの思いと言葉も大切にしながら考えさせましょう。

手　順

①物語の中から，登場人物を一人選ぶ。

②その登場人物の性格や特性に似合う言葉を書く。

③それぞれが捉えた登場人物についてグループや全体で交流する。

ポイント

　登場人物の性格や特性は，本文にある言葉だけではなく，子ども自身の語彙を使って「この人はこういう人」「△△だから，○○って感じ」で示させます。大事なのは，そのように感じたのは「登場人物のどういうところから」「どの叙述から」という理由と根拠も考えさせることです。そこがないと，「なんとなく……」ということになってしまうからです。

　登場人物に似合う言葉は，他の人と同じものがあっても構いません。クラ

ス全員のものを一つにまとめてみると，子どもたちがどのような言葉で表したかについて，全体の傾向をみんなで捉えやすくなります。

　子どもたちが出した言葉で，わかりにくいものがあったら，それはみんなで考えるチャンスです。どうしてそのように考えたのか，理解を深めることや叙述に目を向けさせるきっかけとなるからです。

　まずは，その子がどんなことを伝えたかったのか，みんなで受け止め，認めてあげます。そのうえで，どの叙述からそう思ったのかを共有させましょう。上手く説明ができないときには，みんなで補完し合うとよいです。出した言葉が人物像に迫ったものだったかどうかが交流を通してはっきりとしてきます。そのような交流をしていく中で言葉に注目する感覚が磨かれていきます。

　言葉を書かせるものは，黒板に貼って全体で見合うのであればＢ５〜Ａ４サイズの用紙に，グループ内で見合うのであれば付箋がよいです。ＩＣＴを活用する場合には「Google Jamboard」も便利です。

【例「ごんぎつね」の「ごん」に似合う言葉は？】

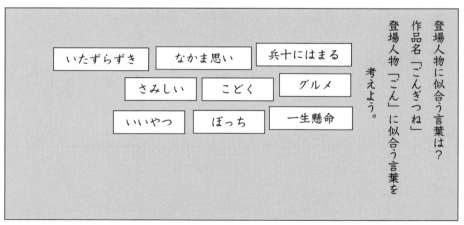

06

順序を表す言葉を基に文章を直そう

使用場面　文章構成を捉えさせる場面

つけたい力・視点　事柄の順序を表す言葉

ねらい　文章の説明の仕方を順序に着目して捉えさせる。

　教科書の説明文はとてもわかりやすく説明されているなあといつも思います。子どもたちには，説明文の説明の仕方を参考に，わかりやすい説明の仕方を身につけてほしいです。まずは，事柄を順番に説明できることが大切です。そこで，教科書の説明文の順序を表す言葉に注目させ，説明がどのように順序立ててされているかを捉えさせます。

手　順

①教材の文章全体を読ませ，どんな順序を表す言葉があったかを聞く。

②本文のコピーを形式段落ごとに切り分け（図は入れない），バラバラにする（教師があらかじめ用意しておく）。

③順序を表す言葉を頼りに，本文を復元させる。

ポ イ ン ト

　ものづくりに関する説明文を用いるのが効果的です。誰でもできるように，順番に説明されているからです。

　慣れてきたら，子どもたちにとって初見の文章を使うと盛り上がります。

　この活動のときに探し出した順序を表す言葉を使って，何かのつくり方についての説明を書かせることもできます。

【順序を表す言葉と説明の流れ】

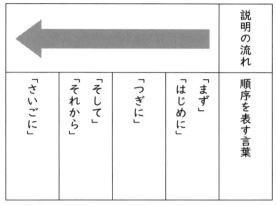

説明の流れ	←				
順序を表す言葉	「まず」「はじめに」	「つぎに」	「そして」「それから」	「さいごに」	

【(発展として) 順序を表す言葉を使って説明を書かせるワークシート様式】

じゅんじょを表す言葉を使ってせつめいを書こう　名前

せつめいしたいこと　「

☆じゅんじょどおりにせつめいをしよう

じゅんじょを表す言葉	せつめいの文
まず、	
つぎに、	
そして、	
さいごに、	

07

「時」に注目しよう

使用場面　物語の構成を捉えさせる場面

つけたい力・視点　場面や展開中の時間の流れ

ねらい　「時」を表す言葉に注目し，場面や展開中の時間の流れを意識付ける。

　物語では，時間が流れています。時間の流れをあまり気にせずに読んでいると，お話の中の状況がいつのことなのか読み違えてしまったり，話の流れが合わないと感じてしまったりすることがあります。

　物語には出来事が起きた時間通りに語られることもあれば，そうでない場合もあります。また，物語によっては，場面ごとに区切られていて，いつのことなのか，捉えやすくなっているものもあります。

　語られている「この場面」はいつのことなのか，どのような時間の流れで状況が変化していったのかを捉えさせることが大切です。時間を示す言葉や状況を表す言葉に着目させて捉えさせていくことで，時間の流れだけでなく，物語の構造も捉えさせることができます。

手　順

①文中から時間を表す言葉を探させる。

②探した時間を表す言葉と，そのときの場面の様子や登場人物の様子について表に整理させる。

③できあがったものをグループ全体で交流させる。

ポイント

　「川とノリオ」は，時間による場面分けがされているのが特徴です。時間に注目させながら場面の様子を捉えさせるために表に整理させるとよいでしょう。それを基に，題名にある川とノリオの関係について，「時」という視点から捉えさせていきます。

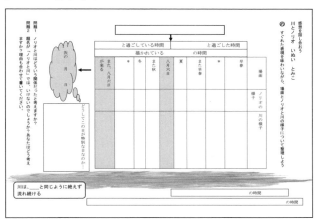

　他の作品においても，物語における「時間」に気を付けて読むことで，お話の構造が見えてきます。例えば，「ごんぎつね」の冒頭では，語り手の「わたし」が「小さかったとき」に，茂平というおじいさんから聞いた話であること，「昔」は中山様という殿様がいたことが語られています。後半が衝撃的なお話なので，ついこの部分の印象が薄くなりがちです。しかし，この冒頭から，昔のことであること，茂平から伝わった話であること，そして，それを「わたし」が語っている構造の話であることがわかります。

　さらにそこから，ごんについて兵十が誰かに話し，それが他の人に伝わって語り手の「わたし」まで伝わったということがわかるとともに，ごんのことが語り継がれたということも読み取れます。

08

作品内の時代を捉えよう

使用場面 単元の前半（設定の把握）

つけたい力・視点 作品内の時代状況の把握

ねらい 作品における当時の状況を捉えさせる。

　物語文には様々な「設定」があります。その中でも，「どんな時代のお話なのか」が特に大事な場合があります。子どもたちはお話の世界に入りながら，その作品に描かれている状況を読み取っていきますが，作品内の時代をしっかりと捉えられないまま読みを進めてしまうことがあります。

　文章を読んだ後に，共通理解をもったうえで子どもたちが存分に交流できるように，当時の社会状況も頭に入れながら教材を豊かに読む力を育みたいものです。登場人物の思いに迫るためには，登場人物の置かれている状況が関連してくることが多いです。そのための手立てとして，作品内での時代状況（社会）をきちんと理解するとともに，読者である子どもたちが今生きている時代状況との対比もさせていくとよいでしょう。

手　順

①教材文中の世の中の様子と，今生活している現在の様子を表にまとめることを伝える。

②教材文中の世の中の様子がわかるところを探す。

③表にまとめ，グループや学級全体で交流や確認をする。

ポイント

　対比させる観点は教師が示してもよいですし，表の形式だけを示して観点を子どもたちに考えさせながらまとめさせるのもよいです。

　教材は，現在の時代状況との差があるものほど効果的です。

【例「一つの花」（対比）】

作品内の時代 （戦時中）	観点	現在
戦争中	自分の国で戦争	ない
焼かれる	町のようす	新しい建物
あまりない	食べ物	ある
ない	おやつ	ある
ない おいも・豆・かぼちゃ	お米	ある
配給	買い物	お店
兵隊	男の人	仕事

　当時と現在を対比させながら，現在との状況の乖離を確認させます。

【例「ごんぎつね」（言葉集め）】

語られている「昔」の世界を表す言葉集め		
村	井戸	しょうじ
おとの様	こしに手ぬぐい	縄をなって
ほろほろの黒い着物	白い着物	なや
おひゃくしょう	かみしも	火縄じゅう
おはぐろ	いわし売り	土間

※今もある場合があります

　昔の世界のお話の特徴的な言葉を洗い出しながら，その言葉の意味をしっかりと捉えさせる機会とします。何となくわかっていると思い込み，実際にはよくわかっていないこともあります。そういう場合には，辞典等で調べさせます。

09

設定を捉えよう
―書き出しを書き出そう！―

使用場面 単元の前半（設定をおさえる場面）

つけたい力・視点 設定

ねらい 序盤の文章から設定を捉えさせる。

　物語の序盤には「設定」があります。物語の読みの世界をつくりあげてい
くうえで大事な部分です。「ここが設定の部分です」と確認していくのもよ
いですが，実際に書き出しの部分（設定が入っている部分）を書いてみるこ
とを通して，実感させていきます。聞いたことよりもやってみたことのほう
が記憶に残ります。視写の練習の一環として行ってもよいです。

手 順

①物語の序盤（設定が入っている部分）を音読する。
②ノートを上下の２段構成にし，上段に物語の序盤を視写させる。
③物語の序盤から設定に関する情報を短い言葉で下段に書かせる。

ポ イ ン ト

　書き出しを視写する活動の際，視写する部分は音読させます。こういう活
動の中にも音読を組み込んでいきます。それは，音読は読むことにおいて基
本だからです。読むときは文字を目で捉え，心の中で音読し，頭脳と心をは
じめ，体全体で読んでいきます。書く活動の中に読む活動を入れる意識を日
頃からしていくことが大切です。

【活動の展開】

T：物語のはじめには，「設定」があります。「設定」とは，登場人物やお話の世界の状況についてのことです。例えば，「ももたろう」のお話では次のようになります。

	本文
むかしむかし、あるところにおじいさんとおばあさんがすんでいました。 おじいさんは山へしばかりに、おばあさんは川へせんたくにいきました。	設定 ・いつ ・どこで ・だれが ・どうしてた ・どんな世の中
・むかしむかし ・あるところ ・おじいさん ・おばあさん ・すんでいた ・おじいさんは山へしばかり ・おばあさんは川へせんたく	

T：「設定」では，「いつ・どこで・だれが・どうしてた・どんな世の中」に注目していきます。それでは，みなさんも物語のはじめの部分を表の上段に視写して，設定の情報を下段に書き出しましょう。

【例えばこんな作品で】

- スイミー
- 一つの花
- ごんぎつね
- 大造じいさんとがん

ワークシート様式

設定をとらえよう（「書き出しを書きかえて…」）　名前

作品名「　　　　　　　　　　　　　　」

本文の視写	設定 ・いつ ・どこで ・だれが ・どうした ・どんな世の中
＿＿＿＿＿＿＿＿＿＿＿＿＿＿＿＿＿＿＿＿	
＿＿＿＿＿＿＿＿＿＿＿＿＿＿＿＿＿＿＿＿	
＿＿＿＿＿＿＿＿＿＿＿＿＿＿＿＿＿＿＿＿	
＿＿＿＿＿＿＿＿＿＿＿＿＿＿＿＿＿＿＿＿	
＿＿＿＿＿＿＿＿＿＿＿＿＿＿＿＿＿＿＿＿	
＿＿＿＿＿＿＿＿＿＿＿＿＿＿＿＿＿＿＿＿	
＿＿＿＿＿＿＿＿＿＿＿＿＿＿＿＿＿＿＿＿	
＿＿＿＿＿＿＿＿＿＿＿＿＿＿＿＿＿＿＿＿	
＿＿＿＿＿＿＿＿＿＿＿＿＿＿＿＿＿＿＿＿	
＿＿＿＿＿＿＿＿＿＿＿＿＿＿＿＿＿＿＿＿	

COLUMN
ことばあそび

子どもは「ことばあそび」も天才だ

地域の行事に参加していたときのこと，他校の子どもたちが，アニメの歌の替え歌（「さんぽ」）にさらに合いの手も入れて歌っているのを耳にしました。子どもたちがよくそのようにして歌っていることを何度か聞いたことありますが，今まで勤務していた学校の子どもたちが歌に入れていた合いの手と違う言葉でしたので，「この言葉もあるなあ」と感心しながら，つい聞き入ってしまいました。

子どもたちは言葉を使って遊ぶのが上手です。「ことばあそび」は言葉への感覚を日常的に楽しく磨く方法だと思います。私たちも小さな頃はやっていたと思いますが，いつの間にかその楽しさを忘れてしまっているのかもしれません。

いろいろな「ことばあそび」

子どもたちにとって，遊んだことがあるものと思います。日常的にスキマ時間などでやることで言葉への意識を高めさせます。

・しりとり…定番です。子どもたちは好きですよね。
・連想ゲーム…あるお題に関係ある言葉を出していき，お題を当てるゲームです。言葉と言葉を関連付けて捉える力を付けられます。
・反対言葉…対義語です。教師が言った言葉の対義語を子どもたちに言わせて遊ぶとよいです。
・なぞかけ…「○○とかけて，□□と解く。その心は」です。共通点を見出す力を付けられます。
・だじゃれ…同音異義語です。あまりやりすぎると聞いているほうがつらくなるので，ほどほどにしましょう。

10

設定を表にまとめよう

使用場面　単元の前半やスキマ時間

つけたい力・視点　設定

ねらい　物語の設定を表にまとめる経験を重ねることを通して，お話の設定を捉える力を高める。

　物語における「設定」を捉えさせるためのトレーニングです。「設定」についての観点を基に，表にまとめさせていきます。どのような作品においても，「設定」を意識的に捉える力を高めていきます。ここでは，「設定」を捉える観点として，次の4つを示します。

観点	例「ももたろう」
いつ	むかしむかし
どこで	あるところに
だれが	おじいさんとおばあさんが
どうしていた	すんでいた。

手 順

①物語文の設定について描かれている部分（序盤）を読む。

②設定の観点に沿って，表にまとめさせる。

③まとめた表をグループや全体で交流する。

ポイント

　作品の設定についての情報（「いつ」「どこで」「だれが」「どうしていた」）を拾い上げさせます。できるだけたくさんの作品を用いてトレーニングするのが効果的なため，学校図書館から本を借りて取り組むとよいでしょう。借りる本は，最初は低学年向けの昔話や童話→当該学年向けの本→自分が今読んでいる本とレベルを上げていきます。はじめは教師が本を指定することがありますが，慣れてきたら子どもたちに選書させて設定探しをさせ，興味をもって主体的に活動させることを目指します。当該学年までに学習してきた物語文も使います。

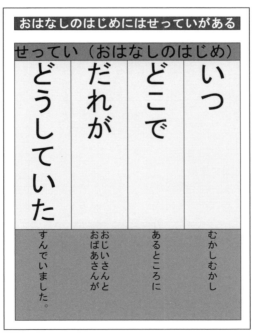

日常的に意識させるために学級に掲示していたときもありました

ワークシート様式

設定を表にまとめよう　名前

☆物語から設定をさがして表にまとめよう

一冊目

設定をさがした本の名前「	」
いつ	
どこで	
だれが	
どうした	

二冊目

設定をさがした本の名前「	」
いつ	
どこで	
だれが	
どうした	

COLUMN

無料の映画パンフレットを集めよう

　物語のあらすじ・人物紹介・人物関係図などを指導する際に，実物のパンフレットが手元にあると教師も説明しやすく，子どもたちにもわかりやすいです。

　また，作品の紹介のときにもとても参考になります。なかでも映画パンフレットは作品紹介の百貨店のようなものです。正面にはタイトルとキャッチコピー，役者がずらりと並びます。さらに中に目を通すと，登場人物の紹介，人物関係図，あらすじ，見どころなど，作品のよさを伝えるためにまんべんなく紹介されています。これを使わない手はありません。作品によって様々な手法がありますので，それぞれの特徴と良さを学ぶことができます。

　普段から映画館に足を運び，無料で置かれている作品紹介パンフレットを見つけましょう。次回上映案内や現在上映中作品のパンフレットがあります。作品によってパンフレットの特徴が異なりますので，力を入れて指導したいもの（例えば，あらすじとか，人物紹介とか，人物関係図とか）に着目して適切なパンフレットを探すとよいでしょう。子どもたちが知っている作品，または見た作品であるほど，パンフレットの書かれ方の巧みさに気付くでしょう。

　指導が必要な単元でパンフレットを重点的に用いる，単元において必要な場面で用いる，日常から手軽に子どもたちが見られるように教室に置いておくなど，使い方も工夫するとよいです。

映画パンフレット	着眼点	教科書教材への参考点
あらすじ	・内容が端的にまとめられている。 ・続きを知りたくなるような書きぶり（結末はあえて書かない）。	・あらすじのまとめ方 ・作品紹介の仕方
登場人物	人物の基本情報	・人物設定のまとめ方 ・人物像のまとめ方
人物関係図（相関図）	人間関係がわかりやすくまとめられている。	・人間関係のまとめ方（図式で表して捉える）

11

パンフレットや Web サイトを参考に
物語の人物関係図を作ろう

使用場面 単元の後半（人物の関係を構造的に捉えさせる場面）

つけたい力・視点 人物関係図

ねらい 登場人物同士の関係について構造的に捉えさせる。

　登場人物の関係は，教師が板書でまとめるだけでなく，教科書の手引き部分に紹介されていたりすることもあります。物語では登場人物同士の関わりが大切だからです。

　だからこそ，ぜひ，子どもたち自身の手で人物関係図をまとめさせたいものです。子どもたちが主体的に取り組むために，映画やテレビドラマ，アニメの人物関係図を参考にさせるとよいでしょう。

　パンフレットや Web サイトで見ると，登場人物の写真があり，その近くに人物名，そして人物同士の関係については，矢印や線と合わせて簡単な関係性についての説明書きがされています。

　子どもたちは，普段登場人物の関係を頭の中に持ちながら，物語を読み進めています。それを，関係図の形でアウトプットすることで，よりはっきりと関係性を捉えさせることにつながります。

　そのとき学んでいる教科書教材はもちろんのこと，既習教材や知っている物語で取り組ませてもよいです。

　ウォーミングアップとして，みんなが知っているお話（ドラえもんなど）で人物関係図を作らせてもおもしろいです。子どもたちが興味をもちそうな人物関係図を例に使いながら，教材文の人物関係図作りにつなげていきましょう。

手 順

①パンフレットや Web サイト等で，映画やテレビドラマ，アニメの「人物
　関係図」を確認する。これらを参考に人物関係図をまとめることを伝える。
②物語の人物関係図をまとめる。
③できた人物関係図をグループや全体で交流する。

ポ イ ン ト

　人物関係図に登場人物のイラストがあると作り甲斐がありますが，絵を上
手に描けないときは名前だけでもよいですし，プリントアウトしたものを切
り抜いて貼ってもよいです。上手な絵を描くことが目的ではないので，ここ
だけに子どもたちの労力をかけさせることはしません。
　登場人物同士を矢印で結ぶときには，どんな関係なのか，続柄や役職に加
え，どう思っているのかなどの簡単な説明も付け加えさせるとよいです。

【例「ごんぎつね」】

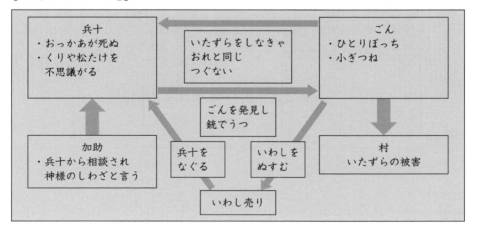

12

あらすじを挿絵や図表を使って説明しよう

使用場面 あらすじをまとめる場面

つけたい力・視点 概要

ねらい あらすじを挿絵や図表を使って説明することを通して，お話の展開のイメージをはっきりともたせてまとめさせる。

　低学年では，時間的な順序や事柄の順序を捉えながら，どんなお話だったのかをまとめさせます。文章において，どんなことが順番に出てきたかを思い出すときに，挿絵や図表は非常に参考になります。

　実際，あらすじをまとめさせる際に，「どんな文章だったのか，よく思い出して書きなさい」と伝えても，思い出すのにつまずいてしまったり，大事な部分が抜けてしまったりしてしまう子どもがいたことがありました。

　そこで，文章中にある挿絵や図表をコピーし，それだけを順番に示しながら，どんな内容の文章だったのかを説明させました。

　挿絵や図表は教科書の拡大コピーでもよいですし，プレゼンテーションソフトを利用し，スライドで示してもよいでしょう。

　挿絵や図表をきっかけとして，あらすじを想起させ，まとめさせる力を育てます。

手 順

①文章中の挿絵や図表を用意しておく。

②挿絵や図表を使いながら，どんなお話かまとめる。

③まとめたものをグループや全体で交流する。

ポ　イ　ン　ト

　低学年は教師が挿絵や図表を示しながら，「このお話は，まず→次に→そして→最後に……」と問いながら全員で確認していくのがよいでしょう。

　学年が上がるにつれ，挿絵がついたワークシートやノートにまとめさせたりしてもよいです。

　さらに，高学年になったら，中学年でやっていたことにプラスして，ＩＣＴを活用してプレゼンテーションソフトを活用しながら，独自性を出させて発表させることもできます。

　低学年には，わざと挿絵や図表の順番を間違って示し，違うことに気付かせてからというのも活動への意識付けとして使える技です。

【板書例：低学年】

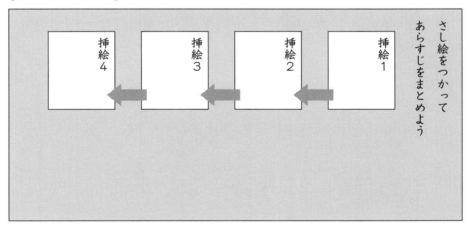

黒板に本文の挿絵を貼ってあらすじを想起させる

コピーして使える！

ワークシート様式

さし絵をつかってあらすじをまとめよう　　名前

作品名「　　　　　　　　　　　」

さし絵	せつめい
さし絵1	これから、「　　　　　　　　」のお話のあらすじをせつめいします。まず、
さし絵2	つぎに、
さし絵3	そして、
さし絵4	さいごに、

子どもたちの印象深い発言に「わかる！ヒット賞」

テレビを見ていて浮かぶアイデア

　テレビを見ていて「これ授業で使えそうだな」と思うことがあります。その中の一つが，「踊る！さんま御殿!!」。明石家さんまさんは，そのトークだけではなく，ゲストの方にコメントを振りながらもその方の持ち味を引き出すテクニックが絶妙です。どのゲストの方も満足するように気を遣いながらの司会ぶりは，授業している身として，学ぶところがあります。授業で使えるな，と思い取り入れているのは，番組最後に発表される「踊る！ヒット賞」です。「踊る！ヒット賞」は，出演者の発言の中で，最も印象深かったものを番組が選んでいます。それを授業に置き換えて考え，授業における子どもたちの発言の中で最も印象に残ったものを，子どもたち自身が授業の最後に書くという活動です。「踊る！ヒット賞」ではなく，「わかる！ヒット賞」と銘打っています。

　本時の中で，子どもたちが「なるほどなあ」「その通りだ！」「それには気が付かなかった」「わかるわかる」と感じた友達の発言を一つ選んで書きます。後で結果を発表するのですが，子どもたちから最も支持された発言だけでなく，本時において大事な発言が書かれていた場合には，教師が取り上げることで授業に役立てたり，子どもたちの達成感を上げたりすることができます。「わかる！ヒット賞」を設定することで，友達の発言をより集中して聞かせることもできますし，授業の1時間を振り返るという振り返りの側面も生まれます。

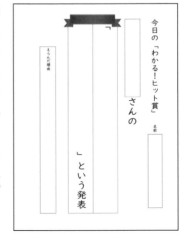

13

接続詞を探してみよう

使用場面　文章構成を捉えさせる場面

つけたい力・視点　接続語

ねらい　接続詞に着目させ，その役割を考えながら文章の組み立てに気付かせる。

　接続語を意識して文章を読むことで，次の文がどのような展開になっていくのかを予想することができます。

　文章において接続詞がどこで使われているか，どのように文と文をつないでいるかを捉えさせます。接続語の種類と働きを理解しておくことは説明文を読むときに大いに役立ちます。

種類	はたらき	接続語	分類記号
順接	前のことに順序よくつながる	すると　だから　したがって　それで　そこで　よって	←
逆接	前のことに反対のことがつながる	しかし　だが　けれども　でも　ところが　だけど	⇔
例示	例を出す	例えば	例
説明・補足	説明や付け足し	つまり　すなわち　なぜなら　ただし	説
転換	話をかえる	さて　ところで　では	転
並立	同じようなこと	また　ならびに	並
添加	付け加える	さらに　しかも　そのうえ　そして　それに	+
選択	どちらか選ぶ	あるいは　もしくは　または　それとも	選

手　順

①接続詞の種類とはたらきについて確認する。
②文章から接続詞を探し，全体で探した接続詞を分類する。
③文章のつながりがわかるように，文章の接続語の近くに分類記号を書く。

ポ　イ　ン　ト

　　単発での指導になってしまうと，子どもたちの定着は薄いものになってしまいます。年間における説明文の教材は多いとは言えませんので，説明文での学習の際には，接続語について必ず触れるようにします。また，接続語の種類とはたらきは掲示しておくと，日頃から目に触れる機会になるとともに自分で文章を書くときや話すときの参考にもできます。

【掲示物】

接続語の種類とはたらき

種類	はたらき	接続語	分類記号
順接（じゅんせつ）	前のことに順序よくつながる	すると　だから　したがって　よって　それで　そこで	←
逆説（ぎゃくせつ）	前のことに反対のことがつながる	しかし　だが　けれども　でも　ところが　だけど	↔
例示（れいじ）	例を出す	例えば	例
説明・補足（せつめい・ほそく）	説明や付け足し	つまり　すなわち　ただし　なぜなら	補
転換（てんかん）	話をかえる	さて　ところで　では	転
並立（へいりつ）	同じようなこと	また　ならびに	並
添加（てんか）	つけくわえる	さらに　そのうえ　しかも　そして　それに	＋
選択（せんたく）	どちらかえらぶ	あるいは　または　もしくは　それとも	選

話す・書く・読むヒント

・話をはじめる
　まず　はじめに　さて
・話を受ける
　たとえば　では　それでは
・並べる
　このほか　また　あるいは
・付け加える
　つぎに　さらに　そして
・付け加える（反対）
　しかし　ところで　一方で
・理由
　だから　このために　これで
・まとめる
　おわりに　こうして　このように

おまけ
「ナンバリング」という方法もある。
　第一に　第二に　第三に

14

説明文をまんがでまとめよう

使用場面　単元の後半（内容を把握後）

つけたい力・視点　説明の流れ

ねらい　説明文をまんが（教科書とは違う様式）でまとめることを通して，意欲をもたせながら文章の内容をまとめさせる。

　教材で説明されている内容について，まんがフォーマットを使ってまとめさせるというものです。どんな内容だったのかをまとめさせる際に，教師がここに目を付けてほしい，という筆者の言葉を吹き出しにするなどして，大事なポイントへの意識付けをすることができます。「コミPo！」（発売元：株式会社ウェブテクノロジ・コム）というソフトウェアを使っています。

手　順

①教科書を基に指導したいことを盛り込みながらまんがフォーマットをつくる。

②子どもたちにはまんがフォーマットに必要な言葉を書き込ませながら，授業を進める。

③完成したまんがフォーマットをグループや全体で見合う。

ポ　イ　ン　ト

　まんがフォーマットを使うことで楽しみながら取り組めます。また，本文テキストをまんがフォーマットに入れていく過程で，文章から大事な部分を取り出す力も育てています。「コミPo！」はキャラクターの絵や吹き出しを差し込んでいくだけで，まんがを作ることができます。

【実践例　教材名「すみれとあり」】

■指導の流れ（単元の後半あたりで）

①文章を読み，説明されている内容をつかむとともに，説明文の文章構成について指導する。

②（内容をおよそ理解しているうえで）まんがフォーマットにまとめさせる。フォーマットの内容は，単元で指導した内容にする。

③教科書を参考にしながら，学習したことも思い出してまんがフォーマットに書き入れていく。

説明文なのに「登場人物」であるのは，説明に出てくる「すみれ」と「あり」を擬人化させた，雰囲気づくりです。

「もんだい」の段落のコマも作り，説明文の構成における「問題提起」も確認していきます。

順序を表す言葉も確認させます。

１ページ目

2ページ目　　　　　　　　　　　3ページ目

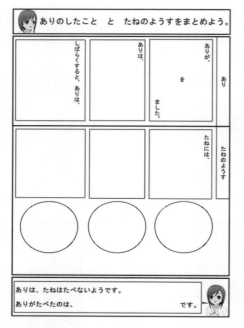 

この実践では，単元の後半にお楽しみ的に確認を兼ねて取り組ませましたが，毎時のまとめとしてまんがフォーマットに学習したことをまとめさせていってもよいです。まんがそのものについて子どもたちに指導するのは，まんがのコマの読む順番（右から左，上から下）程度です。

　教師が指導したいことや確認したいことをまんがフォーマットに散りばめることができます。少し時間があるときに取り組まれることをおすすめします。

ドラえもんの主人公は誰だ？①

物語文での学習においては……

　中心人物（主人公）は誰かということについて指導します。中心人物の定義は，「お話の中である出来事を通して変容がある人物」として指導をしています。中心人物（主人公）について，子どもたちが「授業において学んだことが他の場面でしっかりと活用された」という経験はあるでしょうか。授業で学んだことが実生活で活かされることで，子どもたちは学びの意義を感じ，学びの楽しさにつながり，学びへの意識が高まっていくと思います。物語文で学んだことを結び付けながら実生活の「読み（読書）」を行う子どもはあまり多くないかもしれません。

中心人物（主人公）が誰か迷う作品で考えさせる

　「『ドラえもん』の中心人物（主人公）は誰なのでしょうか？」という問題を出します。

　5年生と6年生にアンケートを取りました。さて，どんな結果になると思いますか？

ドラえもんの主人公はだれだ？

年　　組　　名前

「ドラえもん」の主人公はつぎのどちらだと思いますか？

どちらかを〇でかこんでください　　ドラえもん　　　　　　のび太

そう思った理由を書いてください

次のコラム「ドラえもんの主人公は誰だ？②」に続く

15

文章構成をマトリクス図でまとめよう

使用場面　文章構成を捉えさせる場面

つけたい力・視点　文章構成（段落構成）

ねらい　文章構成をマトリクス図（表）にまとめることを通して，文章の段落構成や全体像を捉えさせる。

　この活動は，段落に目を向けた活動です。説明文では，意味段落や形式段落，要点などについて指導します。意味段落・形式段落・要点をそれぞれ別な指導・活動とするのではなく，総合的に行っていきます。

　文章全体がどのようなつくりになっているのかを一覧にした，文章構成のマトリクス図（表）でまとめます。文章全体の内容を一つの表にまとめることは，全体像を捉えるうえでとてもわかりやすいです。子どもたちが自分の力でできるようにさせていくことが大切です。

手　順

①マトリクス図（表）の観点（意味段落・形式段落・要点など）を確認し，表にまとめていくことを確認する。

②文章を基にマトリクス図に記入していく。

③できたマトリクス図をグループや全体で確認していく。

ポ イ ン ト

　マトリクス図（表）の観点としては，①意味段落（大段落）②形式段落（小段落）③要点を基本とします。指導のねらいや子どもたちの実態に応じて，マトリクス図の観点をアレンジしていきましょう。

【例「くらしと絵文字」】

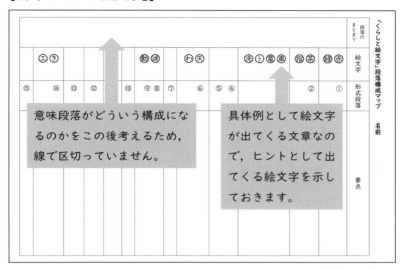

「くらしと絵文字」段落構成マップ　名前

形式段落	絵文字	段落の まとまり	要点
①			
②	指示 録		
④	洗Ｔ 電車		
⑤			
⑥	わ 天		
⑦⑧⑨	動 録		
⑩			
⑫⑬⑭	エ き		
⑮			

> 意味段落がどういう構成になるのかをこの後考えるため，線で区切っていません。

> 具体例として絵文字が出てくる文章なので，ヒントとして出てくる絵文字を示しておきます。

【例「言葉と事実」】

「言葉と事実」文章構成

結論		本論		序論		論の展開
まとめ	答え	具体例2	具体例1	問い	話題提示	役割
6	5	4	3	2	1	意味段落
⑬	⑫	⑪ ⑩ ⑨	⑧ ⑦ ⑥ ⑤ ④	③	② ①	形式段落
						要点

> 要点を重点的に指導する場合には，他の観点は入れておきます。要点の指導だったとしても，文章全体を意識できるような様式を使います。

16

文章構成マップでまとめよう

使用場面 単元の後半（内容の全体を俯瞰的に捉えさせる場面）

つけたい力・視点 文章構成

ねらい 文章全体の構成や内容を1枚の紙にまとめさせることを通して，文章を俯瞰的に捉えさせる。

　これは，文章の構成や内容をまとめる活動です。文章構成がわかることを主眼に置きながら，イラストや図，枠などを使って1枚の紙にまとめさせていきます。単元の後半あたりで，学習を振り返りつつ文章を俯瞰的に捉えさせてまとめるとよいでしょう。

　説明文の指導をしていたときのことです。いつもより気合いを入れて文章構成をイラストや図，枠や矢印を用いて板書しました。しかし，子どもたちがただひたすら板書を写すのに終始してしまいました。子どもたちが自分の力で書き進めていく活動にしなければならなかったのです。

　一方で，まとめることが苦手な子どももいます。何度かやっていくことで自分の力で徐々にできるようになっていきますが，できるようになるまでは教師が用意したフォーマットを使わせることで，安心して取り組むことができます。フォーマットは書き込み式にして当てはまる言葉や文を文章中から探させます。子どもの実態に応じて，どこまでフォーマットを作り込むのかを考えて作成するとよいでしょう。

　フォーマット作りは一見手間に感じると思いますが，教材研究の際に文章構成や内容を1枚の紙にまとめておき，それを基に大事なワードや文章を空欄にして使わせると一石二鳥です。

　通常は文字や矢印だけで板書やノートにまとめていきますが，時にはイラストや図などを使いながらまとめるのも楽しいと思います。丁寧に作らせることで，完成したものは作品として掲示することもできます。

手　順

①説明文の学習がひと通り終わったら，どんな内容構成だったのかを文章構成マップ１枚にまとめさせる。

②□に入る言葉は見出し・内容・指している言葉なので，文章を基に考えさせたり，教師がヒントを示したりしながら書き込ませる。

③できた文章構成マップをグループや全体で確認する。

ポ　イ　ン　ト

　文章構成マップと名付けていますが，中身は文章構成と内容についてまとめた板書と同じようなものです。文章構成マップを作ることで，文章構成や内容の把握に意識を向けさせながら視覚的に捉えさせます。また，子どもたちが１枚にまとめられたという達成感と充実感を大事にさせることで，主体的に学習に取り組むという意識ももたせられます。

【フォーマット例「森林のはたらきと健康」】

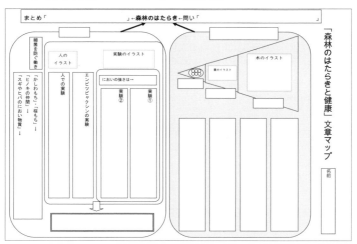

17

物語のあらすじを書いてみよう

使用場面 あらすじを捉えさせる場面

つけたい力・視点 あらすじ

ねらい 物語のあらすじをつかむ力を育てる。

　物語のあらすじをまとめさせたときに，出来事など大事なことを含めたうえでどのくらい内容を詳しく書けばよいのか見当がつかず，かなりのボリュームになってしまった子がいたときがありました。また，物語のあらすじとはどんな感じのものなのか，つかめない子もいました。そんなときに目にしたのは，映画やテレビドラマ，アニメの「あらすじ紹介」です。まだ見たことがない人にわかりやすく伝えています。文章量が多いわけではないのですが，物語の大事なポイントがまとめられていて参考になります。しかし，これらの「あらすじ紹介」は物語の結末が書かれていません。結末はお楽しみだからです。

　これを参考に，結末なしでまとめさせる場合には，「結末は書かないように」という指示を出すことで逆に「結末」に意識を向けながらあらすじを書かせることができます（もちろん，結末ありでもできます）。

手　順

① Web サイト等で映画やテレビドラマ，アニメの「あらすじ紹介」を見る。
　これを参考に，学習材のあらすじをまとめることを伝える。
②まとめる字数を決める。（200字程度）
③結末（アリかナシ）のどちらかのパターンで書かせる。

ポイント

　身近にあるものを参考にさせるのがポイントです。あらすじが作品紹介において使われていること，学校の学習と実生活がつながりあるものだという意識をもたせることができます。多くのあらすじを子どもたちの目に触れさせて，見る目を養いましょう。Webサイト上には，作品の公式ページ等で紹介されるあらすじが多数あります。

　同じ物語であっても，あらすじをまとめさせると個性が出ます。それぞれできあがったあらすじを見合い，同じところや違うところについて交流をさせます。どうして同じところの紹介になったのか，どうしてここを自分は取り上げたのか，理由も話させるとよいです。交流を通して，子どもたちにわかりやすい，魅力あるあらすじとはどういうものかを気付かせたいものです。

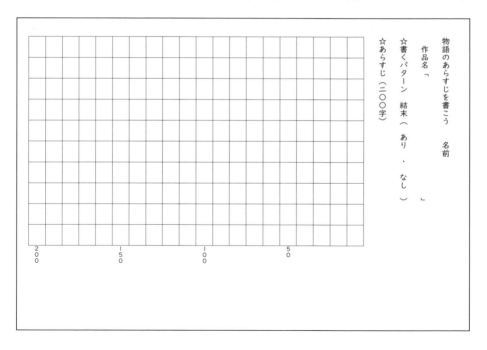

物語のあらすじを書こう　名前

作品名「　　　　　　　　　　」

☆書くパターン　結末（　あり　・　なし　）

☆あらすじ（二〇〇字）

18

１・２年生にわかるように説明しよう

使用場面 要約をさせるとき・内容把握させたいとき・まとめ

つけたい力・視点 要旨をとらえる・要約力

ねらい 自分の言葉を大事にしながら文章の要旨を捉えたり，要約力をつけたりさせる。

　物語文や説明文を学習したとき，どんな話の内容だったのか自分の言葉でわかりやすく説明できるようにさせたいです。自分の言葉でまとめられるということは，内容をしっかりと理解しているということです。私の経験では，「物語のあらすじをまとめて」とか「説明文を要約して」という指示をすると，本文を書き写そうとする子どもがいました。引用ならよいのですが，書き写しでは自分でまとめたということにはなりません。

　文章の内容を自分の中で咀嚼して，それからアウトプットをするのですから，子どもによっては相当なハードルとなっている場合もあります。まずは，自分なりの言葉でいいので，わかりやすくどんな話だったのかをアウトプットできるようにさせましょう。そこで，自分の表現が稚拙と感じさせないように「１・２年生にわかるように説明しよう」と設定します。

手 順

①物語文や説明文の学習をひと通り終えたら，どんな話だったのか，１・２年生でもわかるような言葉を使ってまとめさせる。

②まとめた文章をグループや全体で交流する。

ポイント

　ポイントは「１・２年生にもわかるように」です。お話の内容をつかむのが得意な子にとっては，どんなお話かまとめるのは簡単と思うでしょう。そういう子にとっては，「１・２年生にわかるように」書かせることで自分が知っている言葉を噛み砕いて表現させるよい機会となります。簡単な言葉にすることを通して，その言葉の意味を確認できます。さらに，このような活動を通して，自分がわかっていることを誰にでもわかるように表現させる力をつけることにつながります。

　もし，長くだらだらと書いているような場合には，字数制限をするのも効果的です。「○○字でまとめなさい」という問題への練習にもなります。

　得意ではない子には，手立てとなるフォーマットを用意します。１・２年生でつけたい力である物語の「誰が・どうして・どうなった」を基にしています。既習のことですが，繰り返し行うことで話の大体を捉える力を確かなものにしていきます。

【物語文のフォーマット例】

書き出し	このお話は，
設定　　　（いつ・どこで） 登場人物（だれが）	○○が
出来事（どうして） 〈どんなことがあって〉 〈どんなことが起きて〉 （何をした）	○○は，〜をして（〜があって） …なこと ○○は〜をします。
結末 （最後にどうなった）	〜になった。
書き終わり	というお話です。

ワークシート様式

☆一年生でもわかるように、わかりやすい言葉と内容で書きましょう。

一・二年生にわかるように、説明しよう（物語文）

結末	出来事	登場人物	設定	書き出し
【どうなった？】〇〇が☆☆になるお話です。	【どうして？】〈どんなことがあって？〉〇〇は、〜をして〈どんなことが起きた？〉……こと　【何をした？】〈何をした？〉〇〇は〜をします。	【だれが？】〇〇という人のお話です。【どんな人？】この人は、〜している人です。	【いつのお話？】【どこのお話？】	このお話は、

☆一年生でもわかるように、わかりやすい言葉と内容で書きましょう。

一・二年生にわかるように、説明しよう（物語文）【発展版】

ここまでで二〇〇字

（書ききれなかった分）

【記入例】

一・二年生にわかるように説明しよう（物語文）

☆一年生でもわかるように、わかりやすい言葉と内容で書きましょう。

書き出し	「〇のお話は、	「〇のお話は、
設定	【どんなお話？】	昔
	【どこのお話？】	中山というところから少しはなれた山の中にいた
登場人物	【だれが？】〇〇というぎつねのお話です。	ごんというこぎつねのお話です。
	【どんな人？】〇〇くは、〜といういきものです。	このきつねはいたずらをしているきつねです。
出来事	【どうした？】〈どんなことがあって？〉〇〇は、〜をして	ごんが、兵十というひとがとったうなぎを逃がします。
	〈どんなことが起きた？〉……して	それを悪いことをしたと思ったごんは贈り物を兵十に届けるようになりました。
	〈何をした？〉〇〇は〜をします。	ある日、ごんが家に入ったことに気づいた兵十に鉄砲で撃たれてしまいます。
結末	【どうなった？】〇〇が☆☆になるお話です。	兵十はごんが贈り物を持ってきていたと気づきますが、ごんは死んでしまうお話です。

19

場面にひと言！―場面メモ―

使用場面 場面の様子や物語の構成を捉えるとき

つけたい力・視点 場面

ねらい 場面における様子や登場人物の心情について，自分の言葉で短くまとめることを通して捉えさせる。

　作品全体を捉えて読むことは大切です。ゆえに，作品の全体像を捉えるためにも，場面を捉えることも大事です。

　「場面はどんな様子ですか？」「この場面の登場人物はどういう思い？」という発問に対して，お話の様子や登場人物の心情をぱっと捉えられる子はすぐに挙手をして話そうとします。それを基に授業を展開していってしまうと，まだ考えがまとまっていない子がついていけません。また，場面に関する発問に対してノートに考えを書かせたら，文章をそのまま写そうとする子も見られます。

　もっと，自分の言葉でまとめられるようにするための，さし絵にひと言書かせる場面メモがこの活動ネタです。

手 順

①捉えさせたい場面の挿絵が入ったワークシートを用意する。

②挿絵の下の欄に，教師の発問に対する答えを書かせる。

　（例：「この場面はどういう場面ですか？」「この場面に見出しをつけると？」「この場面での登場人物の思いは？」）

③書いたワークシートを用いて考えを全体やグループで交流させる。

ポ　イ　ン　ト

　書かせる内容は，「場面の様子」「登場人物の心情」「登場人物に伝えたいこと」「この場面に見出しをつけると」などがあります。

　子どもたちをどの立場（読者として・登場人物になりきって）で書かせるかは指導の意図に応じて使い分けます。

　ワークシートの場面枠の中には，場面で捉えさせたいことについて書かせます。ひと言で書かせますので，枠からはみ出ないようにさせます。枠の大きさが決まっていることで，子どもが枠内に収まるように考えをまとめることをねらっています。枠の大きさは必要に応じて変えてください。

【ワークシートの場面枠（例）】

◯の場面

> 場面の挿絵がある場合は添付，
> ない場合は絵を描かせるのもよいです

> ここに発問に対する考え

【例「大造じいさんとがん」Iの場面】

Iの場面
Iの場面の挿絵 または絵
【場面の様子】 昼近く。うなぎつりばりにがんが一羽かかっていた。

Iの場面
Iの場面の挿絵 または絵
【登場人物の心情】 （大造じいさん）しめたぞ！ すばらしい！やった！

Iの場面
Iの場面の挿絵 または絵
【登場人物に伝えたいこと】 一羽だけでうまくとれてよかったね。

Iの場面
Iの場面の挿絵 または絵
【この場面に見出しを】 大造じいさん，うなぎつりばりでがんをとらえる。

Iの場面
Iの場面の挿絵 または絵
【場面のあらすじ】 ぬま地をかり場にしている大造じいさん。うなぎつりばりでがんを一羽とらえたが，翌日はかからなかった。

ワークシート様式

の場面	の場面

の場面	の場面

20

場面の様子を実況中継風にして書いてみよう

使用場面 場面の様子や状況を捉えさせたいとき

つけたい力・視点 場面を捉える

ねらい 場面の様子を客観的に捉えさせる。

　高学年では，物語文の分量も多くなってきます。比例して，読み取っていく量も多くなります。一文一文じっくりと時間をかけて読むということは難しいので，子どもたちは限られた時間の中で文章を読むことになります。そのときに，大事なところを読み飛ばしてしまうことがあってはなりません。書かれていることをしっかりと捉え，大事なことを理解していくことを同時にしていかなければなりません。

　また，物語文の読みの方法として，子どもたちは最初，お話の世界の登場人物になりきって読むことから始まり，少しずつ一人の読者としての視点をもちながらお話を楽しんでいくようになっていきます（同化して読む→メタ視点で読む）。高学年では一人の読者として作品を批評的に読んでいくなど，作品をより客観的な立ち位置で捉える力もつけていきたいです。

　そこで，文章の内容をすばやく確実に捉えることができることと，作品と一歩距離をおいて客観的に登場人物の動きや心境，風景や状況を捉えることができるように，物語の様子を実況中継風に書かせます。

手 順

①物語文を実況中継風に書き（話し）換えてみることを伝える。初めての場合は具体例を示すとよい。

②状況中継風に書き（話し）換えてみる。

③グループや全体で交流する。

ポ イ ン ト

　登場人物の行動や動作については，「○○が～しました」という感じになります。原文で三人称の語り手が語っている場合は換える部分は少なくなりますが，実況中継風なので「○○が～」と主語の登場が多くなってもよいでしょう。また，印象的な行動や動作なら「あ～っと！　○○が～した」「ここで，～する」となるかもしれません。登場人物の心情については，推し量る場合は「○○は……と思っているようです」や「……と思っているかもしれません」というような表現になります。楽しませながらやってみましょう。

　また，実況中継をしているアナウンサーは，目に入ってくる風景や状況をわかるように話しています。情景描写が美しい作品では，どんな情景なのか伝わるように書かせます。書くためには，理解していなければなりません。書く活動ですが，そのためにしっかりと読み，そこからイメージを構築しなければならないということです。

　実況中継するということは，捉えた情報を瞬時に理解し，大事な部分を自分の言葉でまとめる作業が入っています。そのことにより，内容を把握する力も高まります。

【例「大造じいさんとがん」３の場面】

> 　さあ，今年もぬま地にがんがやってくる季節になりました。
> 　大造じいさんが生きたどじょうが入ったどんぶりを持って向かった先には，がんがいます。
> 　このがんは，うなぎつりばりでとらえたがんです。
> 　なんと，大造じいさんの口笛でどこにいてももどってくるようです。
> 　これを今年は使ってみるようです。

21

精査・解釈

繰り返し出てくる言葉を探そう

使用場面 単元の後半（内容を把握後）
つけたい力・視点 文章に関わる大事な言葉
ねらい 文章に関わる大事な言葉を捉えさせる。

　文章には繰り返し出てくる言葉（フレーズ）があります。その言葉は，読者に強い印象を残したり，文章において大事な意味をもっていたりします。
　繰り返している言葉は，物語文では，登場人物や語り手が伝えたい思いの強さや場面展開の効果としての意味をもっていることが多いです。通読していると，意外と気付かない場合もあります。繰り返し出てくる言葉を探し，それは文章においてどういう効果や意味があるのかを考えさせます。

手順

①文章の中から繰り返し出てくる言葉を探させる。
②どんな繰り返しの言葉があったのかを全体で確認する。
③繰り返し出てくる言葉はどんな意味をもつのか交流する。

ポイント

　文章中で繰り返し出てくる言葉は，教科書に線を引かせてもよいです。おさえておきたいことは，どの言葉がどこで繰り返されているかです。
　例えば，「おにたのぼうし」では，「おににも（だって），いろいろあるのに」という言葉が前半と後半に出てきます。心の中でのつぶやきですが，おにたの，人間のおにへの先入観に対する強い訴えです。この思いがこのお話

の軸になっていると考えられます。繰り返し出てくる言葉は読んでいるうちに自然と心の中に入ってくると思いますが、しっかりとおさえることで、より登場人物の心情把握や文章構成について意識付けられます。

【繰り返しの言葉が出てくる例】

「おにたのぼうし」

　前半部分において「おににも、いろいろあるのにな。」とあります。その後、後半部分において「おにだって、いろいろあるのに。おにだって……」と出てきます。繰り返しから、おにたが「おににもいろいろある」と強い信条のようなものをもつ登場人物であることが捉えられます。また、繰り返し部分である「おににも、いろいろあるのにな」と「おにだって、いろいろあるのに。おにだって……」の違いを比較させ、前者のときからもっていた思いが後者のときには一層切実なものになっていることも捉えます。

「きつねのおきゃくさま」

　①「ひよこは、まるまる太ってきたぜ」②「あひるも、まるまる太ってきたぜ」③「うさぎも、まるまる太ってきたぜ」④「まるまる太った、ひよことあひるとうさぎは」と出てきます。①～③は場面の最後の一文です。「～、まるまると太ってきたぜ」で締めくくっていることから、場面構成が繰り返しの構造になっていることに気付かせることができます。また、①～③が④につながっているところにも着目できます。きつねのおかげで太ったのですが、あえて最後の場面でも「まるまる太った」という言葉を出しているところにお話のおもしろさがあります。

「モチモチの木」

　①「じさまぁ」②「じさまぁっ」③「じさまっ」④「じさまぁ」と出てきます。②・③は山場へと向かっていく場面で緊迫していくところです。①と④が同じ言葉であることから、④でまたいつもの豆太の側面が出ていることを捉えさせます。出来事で豆太が変容したところが見られますが、ここから豆太のすべてが変容したわけではないことがわかります。

精査・解釈

22

長文間違いさがし

使用場面 単元の中盤～後半（内容を把握後）

つけたい力・視点 表現技法

ねらい 言葉に注目して文章を読み，表現技法に着目させる。

　学習している教材文を使い，いくつかの言葉をあえて間違った文章をつくります（教材文の文章は，教材研究の際にワープロソフトで打っておいたものを使います。教材研究として，教材文はワープロソフトで打つようにしています）。

　間違っている文章は「先生が打ち間違った」という体で示すとよいですし，「先生は打ち込む自信がある」と自信満々で言っておいて，「先生間違っているよ」という展開でもよいです。

　間違い方としては，つづりが似ている言葉，肯定形を否定形に，接続語を違うもの，主語を変えるなどです。

　間違いがあるということで，子どもたちはしっかりと文章を読みます。楽しみながら，文章の言葉への意識を高めさせながら読ませます。

手 順

①教材文をワープロソフトで打ち込み，いくつかの言葉をわざと間違えておく。

②①で作成した文章を子どもたちに示し，いくつ間違いがあるか探させる。

③いくつ間違いがあったのかをグループや全体で交流させる。

ポイント

　間違い方の度合いがポイントです。子どもたちがすぐにわかるものから，落ち着いて読まないと見つけにくいものと，いろいろなレベルのものを入れておきます。文章のボリュームは大段落，場面，全文など状況に応じて変えます。

　慣れてきたら，類義語を使って間違えておいて，子どもたちに「言葉は違っているけど，言っていることは同じ意味の感じがする」ということに気付かせます。そのうえで，同じ意味の言葉があるのに，作者や筆者があえてこの言葉を選んでいることについて考える展開にもできます。

　学習している教材文で行いますが，スキマ時間にみんなが知っている昔話や当該学年までに学習した教材文でやらせてもよいです。

【例】

改変後の文章	オリジナルの文章
むかしむかしとあるところにおじいさんとおばあさんがすんでいませんでした。おじいさんは山にしば借りに、おばあさんは川に選たくに行きました。おばあさんが山で洗濯をしていると、どんぶらこっこ、どんぶらこっこと大きな梅が流れていきました。	（例）「ももたろう」むかしむかしあるところにおじいさんとおばあさんがすんでいました。おじいさんは山にしばかりに、おばあさんは川に洗濯に行きました。おばあさんが川で洗濯をしていると、どんぶらこ、どんぶらこと大きな桃が流れていきました。

23

文末表現を集めよう

使用場面 単元の後半（内容を把握後）

つけたい力・視点 表現

ねらい 文末表現を集めることを通して，表現方法のもつ意味や筆者の語り口に気付かせる。

　筆者の説明の仕方について，文末表現に着目させて捉えさせていきます。文末表現に注目すると，断定で言っているのか，推量で言っているのかなどがわかります。それを基に段落構成にも広げることができます。問題提起の段落，結論の段落などについて，段落中の文においてどのような言葉（文末表現）を用いて表しているかに意識を向けさせます。当該学年の説明文で行う前に，これまでに学習した説明文でプレ学習をすると効果的です。

手 順

①形式段落の文に使われている文末表現を書き出す。

②書き出した文末表現を確認しながら，特徴的な文末表現についてどんな感じが伝わるか考える。

③特徴的な文末表現を基にその段落の役割を確かめる。

ポ イ ン ト

　文章のボリュームが多いときには，みんなに文末表現集めをさせましょう。グループや全体で担当する段落を決めてもよいです。文末表現から論の展開の仕方を確かめるとともに，筆者の語り口の特徴にも気付かせることができます。

【実践例「さけが大きくなるまで」】

文末表現を集めよう

文章名「さけが大きくなるまで」　名前

形式段落	使われている文末表現	文末表現の特ちょうや役割
①	大きな魚です／大きくなったのでしょう	「のでしょう」・問題を投げかけられている
②	やってきます／上ります／すんでいます	「ます」
③	ほります／うめてしまいます	「ます」
④	生まれます／ぐらいです／ついています／小魚になります	「ます」「です」
⑤	下りはじめます／下っていきます	「ます」
⑥	くらします／大きさになります	「ます」
⑦	はじまります	「ます」
⑧	あります／大きくなります／たくさんいます	「ます」
⑨	およぎ回ります	「ます」
⑩	帰ってくるのです	・「のです」・まとめを言っている感じ・強い言い方・筆者の思いがある

　段落構成について目を向けさせたいので，２年生の教材ですが，２年生に行うのではなく，中学年～高学年で行います。

【手順】

①形式段落に番号を付けさせる。（表の１段目）

②文末表現を表に書き出す。（表の２段目）

③書き出した文末表現の特徴や役割を書く。（表の３段目）

④子どもたちがまとめたワークシートを基に，グループや全体で交流する。

　　Ｃ：「のでしょう」は問題を出している。

　　Ｃ：「です」「ます」の説明が大部分。

　　Ｃ：「のです」はまとめ，強い言い方，筆者の思いがある。

⑤交流を基に，文章構成について（問題の段落，答えの段落，まとめの段落等）を確認する。

文末表現に気を付けよう

・問いかけ
　～でしょう。～でしょうか。～ですか。

・断定
　～です。～のです。～だ。

・理由
　～からです。～だからです。～なのです。

・否定
　～ありません。～ない。

・伝聞
　～だそうです。～ということです。

・推量
　～らしい。～そうです。

・希望
　～したい。

・使役
　～させる。

・受け身・尊敬
　～きれる。

・比況
　～ようです。

・過去
　～ました。～た。

精査・解釈

24

ファンタジーの構造と伏線を捉えよう

使用場面	単元の中盤～後半等，全体像を捉えさせるとき
つけたい力・視点	ファンタジー作品の構造と伏線
ねらい	他の作品を用いながら，ファンタジー作品の構造や伏線について捉えさえる。

　教科書教材だけではなく，他の作品を用いる（重ね読み）ことで，教科書教材の作品の構造についてよりつかみやすくします。また，ファンタジー作品の構造を考えさせるときに，知っている作品や身近な作品を用いることにより，子どもを引き付けるとともに，教科書教材で学んだ読みの力を子どもたちが普段ふれている作品の読みに生かす体験をさせることがねらいです。ここでは，教科書教材と「千と千尋の神隠し」を用いたものを紹介します。

手　順

①教科書のファンタジー作品を通読させる。
②ファンタジー作品の構造や伏線について，「千と千尋の神隠し」を用いて重ね読み（比べ読み）を行い，ポイントについて考える。
③教科書のファンタジー作品に立ち返り，読みを深める。

ポイント

　「千と千尋の神隠し」の重ね読み（比べ読み）は，絵本版がいいです。映像版で見たことがある子どもが多いほど，学習を進めやすいです。

【ファンタジー作品の構造例】

現実の世界	非現実からの出口 （出るための手段がある場合がある）	非現実の世界での出来事 （非現実の世界の中で、中心人物が様々な体験をする。そのことをとおして得ているものがある場合がある）	非現実の入り口 （きっかけがある場合がある）	現実の世界

【ファンタジー作品における非現実の世界の入口と出口】

　補助教材を基に「ファンタジー作品には不思議な世界に入り込むところがあります。それはどの場面ですか？」と問い，答えさせます。「では，本教材では，それ（入口）はどこでしょうか？」と問うことで，補助教材の学びを生かすことができるでしょう。子どもたちにとってより認識が深い補助教材を使うことで，不思議（非現実）の世界と現実の世界とはどういうことなのか具体的なイメージをつかみやすくなります。

【ファンタジー作品における登場人物の変容】

　物語において登場人物（中心人物）には変容があると定義します。ファンタジー作品も物語の一つですから，登場人物の変容があることになります。非現実（不思議）の世界での出来事を通して登場人物の変容があることを捉えさせます。

【指導の実際 「きつねの窓」×「千と千尋の神隠し」】

〈「きつねの窓」とかけまして,「千と千尋の神隠し」ととく〉がコンセプトです。比較しながら読むことを通して「きつねの窓」の学びをより豊かにしたり,他の作品をより豊かに味わったりできることをねらいとします。

言うまでもなく「千と千尋の神隠し」は宮崎駿監督による有名な作品であり,ＤＶＤ化もされ,テレビでも繰り返し放映されています。子どもたちにとっても見たことがある作品である可能性が高いです（見たことがない子や内容を鮮明に覚えていない子もいるので,学校図書館にあるアニメ絵本を借りてきて,あらかじめ読ませておいたり,授業において必要に応じ部分を一緒に読んだりして,内容を確認しておくとよいでしょう）。

手法としては,「重ね読み」（比べ読み）で,教科書教材に近い作品を選定して読ませることと似ています。

２つの作品を比較することで,共通点や相違点が捉えやすくなることがあります。ここではそれを利用して読みの技法を広げていきます。例えば,ファンタジー作品としての構造や非現実の世界で起きる出来事や登場人物の変容などについて着目させていきます。

「きつねの窓」を本教材,「千と千尋の神隠し」を補助教材とし,本教材を学んだことで補助教材の理解が深まったり,逆に補助教材で気付いたことをもう一度本教材で確認すると新たな気付きがあったりします。

○指導の重点項目

①ファンタジー作品の構造…現実の世界と非現実の世界

②物語における人物の変容…非現実の世界での出来事により,登場人物には何かしらの変容がある。

③伏線…補助教材で「千尋」の髪結いの紐に着目させる。前の場面で出てきたものが後の場面につながることを捉えさせ,「伏線」について指導する。

○指導計画

第1時：全文通読と初発の感想

第2時：設定の確認

・日常と非日常について考える

・①過去の回想【設定】

非現実の世界「道を一つ曲がったとき」

②ききょうの花畑との出会い

③白い子ぎつねを追う

④きつねの店との出会い

⑤子ぎつねの窓を見る

⑥ぼくの窓で少女を見る

⑦帰る途中，ぼくの窓で子どものころの家を見る

⑧手を洗ってしまい，窓で見られなくなる

現実の世界

⑨子ぎつねを探す

補助教材で→話の冒頭に設定があり，登場人物の基本的情報が示される。日常
から非日常に入るところがある。

第3時：「ぼく」と「子ぎつね」の様子や心情についてまとめる。

第4時：「きつねの窓」は，どのようなものを映す窓なのか考える。

①「窓」に映るものとそのときの出来事を確認する。②「子ぎつねの作る
窓」と「ぼくの作る窓」に映るものを比較する。（共通点・相違点）

補助教材で→登場人物の過去に関することが話の中の現在に関係してくる（本
教材との共通点）。

第5時：非現実の世界に行く前の「ぼく」と行った後の「ぼく」に変化があ
るのか考える。

補助教材で→非現実の世界の前と比べて後には登場人物に変容があることがあ
る（本教材へフィードバックして考えさせる）。

登場人物が非日常の世界で得たものは何かという視点で考えさせる。

25

言い換えているところを探そう

使用場面 文章の「まとめ」部分の捉えのとき

つけたい力・視点 具体→抽象への表現

ねらい 文章の内容を言い換えているところを捉えさせる。

　教材文中で，同じようなことを指しているのに別な言葉で表現されている
ところを探させます。

　ここでは，具体例として挙げたことを再度抽象的に述べているところを捉
えさせます。

　説明文の場合，まとめの部分において，より抽象的な表現になっているこ
とがあります。説明文の場合，具体例を通して説明していくことが多いので，
具体でのことがまとめの抽象において，どのような言葉で表現されているの
かをつかませます。この活動を使い，文章構成も確認します。

手　順

①文章を読んで，どんな内容だったか確認する。

②同じようなことについて伝えている言葉，似ている意味の言葉を探す。

③探した言葉を同じレベルの言葉であるかについて考えさせ，例えば，抽象
　的な言葉はまとめで具体例のことを言い換えている言葉であることを捉え
　させる。

ポ イ ン ト

　まとめている言葉への意識をもたせる活動ネタです。どのような具体例を

示して，何について説明しているのかという文章構成への意識につながって
いきます。下学年の教材文を用いて上の学年で行うと，理解しやすいです。

【例「はたらくじどう車」】

Ｔ：この話には，いくつの車が出てきましたか？

Ｃ：4つ（台）。

Ｔ：どんな車が出てきましたか？

Ｃ：バス。

Ｃ：コンクリートミキサー車。

Ｃ：ショベルカー。

Ｃ：ポンプ車。

Ｔ：似ている「じどう車」って言葉が出てきてたけど，これは4つの車と同じ仲間
　　の言葉かな？

Ｃ：車だから同じ。

Ｃ：バスとかは「じどう車」の中に入る。

Ｔ：そうだね。「じどう車」のほうが広い言葉で，バスとかをまとめているね。

Ｔ：「じどう車」って言葉はどこにたくさん出ている？

Ｃ：最初のほう。

Ｔ：ということは，「じどう車」についてまとめていっているのはどこ？

Ｃ：最初。

Ｔ：この文章はまとめが最初にきているんだね。

【例「花を見つける手がかり」】

Ｔ：このお話に出てきた生き物は何ですか？

Ｃ：もんしろちょう。

Ｔ：もんしろちょうについての実験・観察が説明されていたね。

Ｔ：この話では「もんしろちょう」を例に説明されていました。

　　「もんしろちょう」のことを似ている別な言葉で言い換えています。それは何と

いう言葉でしょうか。

（少し考える時間）

Ｃ：こん虫。

Ｔ：そうだね。どの段落かな？

Ｃ：最後の段落。

Ｔ：では，なぜ「こん虫」という言葉がここにあるのでしょうか？

Ｃ：まとめていっていると思う。

Ｃ：もんしろちょうだけでなく，他のこん虫も入っていることだと思う。

Ｔ：「もんしろちょう」という言葉よりも広い言葉として「こん虫」が使われている
　　ね。それは筆者がいいたいことが「もんしろちょう」より広い「こん虫」まで
　　入ることをいっているね。

Ｔ：では，もんしろちょうの説明の役割は何だろう？

Ｃ：例を出している（具体例）。

Ｔ：もんしろちょうの説明は具体的なお話だったということで，「こん虫」の段落が
　　例を通していいたかったことの段落だね。筆者が一番読者に伝えたかったこと
　　を最後の段落でいっているんだね。

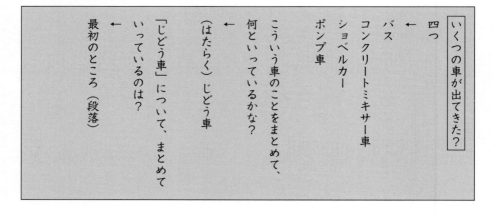

ドラえもんの主人公は誰だ？②

「ドラえもんの主人公は誰だ？」アンケートの結果は

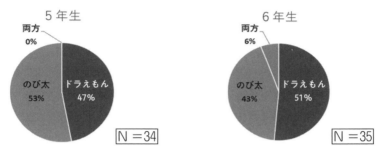

5 年生

両方
0%

のび太
53%

ドラえもん
47%

N＝34

6 年生

両方
6%

のび太
43%

ドラえもん
51%

N＝35

　数値としては大きく離れたものではない結果でした。どんな理由でそのように思ったのかを紹介します。

ドラえもんが主人公と考えた子どもの理由

5年生 (14名)	6年生 (18名)
・題名になっているから（14名）。	・題名になっているから（14名）。 ・ドラえもんは何でもできるから（2名）。 ・ドラえもんが全部を仕切っているから（1名）。 ・のび太が困るから（1名）。

　やはり，題名の力は大きいですね。理由の大部分を占めています。

みんなが知っている作品を題材にすると効果は大きいです。

のび太が主人公と考えた子どもの理由

5年生（18名）	6年生（15名）
・映画の題名が「のび太の〜」だから。 ・映画でのび太が活躍するから。 ・のび太のために未来からドラえもんが来たという話だから。 ・のび太がテストで0点をとったり，いじめられたりしたときにドラえもんが助けるから。 ・のび太はドラえもんが来る前からいるから。 ・のび太がドラえもんに出会ったから。 ・0巻でのび太が主人公と書いてあるから。 ・のび太がいないとドラえもんが活躍できないから。 ・のび太を中心とした日常的なアニメだから。 ・動物とすぐになかよくなるから。	・映画の題名が「のび太の〜」だから。 ・のび太のために未来からドラえもんが来たという話だから。 ・ドラえもんがいつも助けているから。 ・ドラえもんに「助けて〜」で始まるストーリーだから，のび太がいないとストーリーがなくなるから。 ・のび太の家の部屋から出てきたから。 ・ドラえもんはのび太がいなかったら引き出しの中から出てなかったから。 ・ほとんどの話がのび太の家から始まるから。 ・他の登場人物がのび太の友達だから。 ・ドラえもんが主人公だと一瞬で問題が解決しそうだから。 ・最も登場するから。 ・のび太の行動は全部映し出されるが，ドラえもんはのび太が何かを頼んだときにしか出てこないから。

少数派ですが，どちらも主人公と考えた子どもの考えです（5年生は「両方」の回答はありませんでした）。

どちらも主人公と考えた子どもの理由

6年生（2名）
・どっちも目立っているから。 ・映画ではのび太がメインだから。 ・のび太だけだったら「ドラえもん」という題名ではなく，「のび太はだめな人」という題名になりそうだから。

　「ドラえもん」と答えた子どもたちは「題名」やドラえもんの活躍に目がいっているようです。気持ちがよくわかります。

　「のび太」と答えた子どもたちは理由が多岐にわたっています。映画版になると「のび太の〜」というタイトルになること，のび太がドラえもんに助けられていることからドラえもんはのび太の補佐役だということ，のび太はドラえもんが登場するより前にいたことなどが挙げられました。

　「両方」と答えた子どもたちはそれぞれの考えがありますが，作品における活躍に注目した子どもが多いです。

　『ドラえもん第0巻』には，各誌の第1話が掲載されています。その中で，のび太が「しゅじんこう」と書かれているところがあります。子どもたちはよく読んでいるものです。

次のコラム「ドラえもんの主人公は誰だ？③」に続く

26

感覚を研ぎ澄まして読もう

使用場面 物語の学習全般

つけたい力・視点 五感を使った表現技法に気付く。

ねらい 感覚をフルに使って，物語を読むようにさせる。

　物語で表現されている世界を十分に味わってほしいと思います。ここでは五感を使って伝えている表現に着目させます。五感で感じる表現を探す活動を通して，作品内においてたくさん用いられていることに気付かせ，五感で感じる言葉に対する意識を高めさせます。一つ一つを捉える力を高めることは，場面の様子や情景を確かに捉えることにつながります。

感覚	どんなところから
目	・景色　・ものの形　・ものの色　・人の姿や色
耳	・物音（会話はここでは入れません）
鼻	・かおり　・におい
触	・触った感じ　・肌で感じるもの
味	・食べ物

手 順

①感覚（五感）とそれを感じる言葉を探すことを確認する。

②五感に感じる言葉に線を引いたり，ワークシートやノートにまとめさせたりする。

③②についてグループや全体で交流する。

【例「白いぼうし」】

感覚	表現されている言葉の例
目	・レモン・夏みかん・信号が赤・白いワイシャツ ・信号が青・たくさんの車・緑がゆれているやなぎ・白いぼうし ・もんしろちょう・ちょうはひらひら・なみ木の緑・赤いししゅう糸 ・じろじろ見ながら・あたたかい日の光をそのままそめつけたような，みごとな色・水色の新しい虫とりあみ ・やなぎのなみ木が，みるみる後ろに流れ・ぽかっと口をOの字に開けている男の子の顔・白いちょう・クローバーが青々 ・わた毛・黄色の花・点々のもよう
耳	・（女の子の）つかれたような声・エンジンをかけた時・元気そうな男の子の声 ・シャボン玉のはじけるような，小さな小さな声
鼻	・レモン・夏みかん・すっぱい，いいにおい
触	・緑がゆれているやなぎ・夏がいきなり始まったような暑い日

【例「ごんぎつね」】

感覚	表現されている言葉の例
目	・しだのいっぱいしげった森の中・菜種がら・とんがらし・空はからっと晴れていて・すすきのほには，まだ雨のしずくが光っていました・黄色くにごった水・ぬかるみ道・ぼろぼろの黒い着物・円いはぎの葉・大きなほくろ・ごちゃごちゃに入って・白いもの（太いうなぎのはら，大きなきすのはら）・はんの木・いちじくの木・おはぐろ・赤い井戸・お城の屋根がわらが光っています・ひがん花・白い着物・赤いさつまいもみたいな元気のいい顔・ぴかぴか光るいわし・月のいいばん・まどのしょうじに明かり・青いけむり
耳	・もずの声・「とぼん」・キュッ・ぐずぐずにえて ・カーン，カーン・話し声・いせいのいい声・ぶつぶつ言っています・チンチロリン・ポンポンポンポン・おきょうを読む声・ドン・ばたり
触	・ぬるぬるとすべりぬける

ワークシート様式

感覚をとぎすまして読もう

物語名「　　　　　　　　　　　　」

☆物語の中から探して書きましょう。

感じるところ	感じる言葉
見える 目（しかく）	
聞こえる 耳（ちょうかく）	
かぐ 鼻（きゅうかく）	
さわって 触（しょっかく）	
食べて 味（みかく）	

ドラえもんの主人公は誰だ？③

これまで学んだことによると……

　さて，子どもたちが学習している中心人物（主人公）とは，「お話の中である出来事を通して変容がある人物」でした。よって，この定義でみると中心人物（主人公）はのび太になりそうだということをみんなで確認します。

　『ドラえもん』の各話によってのび太の変容が異なる場合がありますが，確かにのび太が成長をしていく場面があります。それがセワシくんのねらいでもあったとも思います。

主人公とは？

　子どもたちには，中心人物（主人公）は「お話の中である出来事を通して変容がある人物」と指導していますが，文学理論からみてみると，様々な考え方があります。前田愛（『増補文学テクスト入門』ちくま学芸文庫）は，主人公についてのいくつかの考え方を述べています。その中で，主人公は様々な試練を経ながら人格を形成していくとしています。

　この考え方で『ドラえもん』をみてみると，確かにのび太が試練に打ち克つ話もありますから，中心人物（主人公）はのび太と考えることができるかもしれません。

　『ドラえもん』の場合，主人公がどちらなのかは議論が絶えないことでしょう。そこがおもしろいところでもあります。そういうことは子どもたちを楽しく考えさせるとっておきのネタにもなります。学習で学んだことを実生活で生かすということは，子どもたちにとって学びの意義を実感する機会の一つです。

　ところで，『天才バカボン』の主人公って誰なのでしょうか？

コラム「ドラえもんの主人公は誰だ？」はおしまい

27

色に着目しよう

使用場面 単元の後半（内容を把握後）

つけたい力・視点 表現技法

ねらい 色に関する言葉を集め，作品での色彩の使われ方や効果を捉えさせる。

　作品には，豊かな色彩表現を用いて描かれているものもあります。風景やものの様子を写実的に伝えるものもあれば，心情を表現しているものもあります。作品を味わうだけでなく，読解上でも大事なことの一つですから，子どもたちにしっかりと指導しましょう。まずは色を表す言葉を集めることを通して，作品には多くの色彩表現が使われていることに気付かせ，次のステップとして，色が場面の状況や登場人物の心情との関わりを表すなどの役割を担っていることへの気付きにつなげます。

手　順

①物語を読んで，色を表している言葉に線を引く。

②①で線を引いた言葉をワークシートやノートにまとめる。

③どんな言葉があったか，グループや全体で交流する。

ポイント

　できれば，色を表している言葉に同じ色の色えんぴつで線を引かせます。

　色が場面の状況や登場人物の心情を表す場合もあります。そのときには，その色から伝わることも記入させてもよいです。

【ワークシート記入例「白いぼうし」】

お話パレット（色を表している言葉を集めよう）　名前
物語名「白いぼうし」

探した色の言葉　十こ

色	色を表す言葉	どんなこと・どんな感じ
黄色／だいだい色	夏みかん	いいみかんのにおいがしそう
緑	信号が青	信号機の緑色
緑	なみ木の緑	葉っぱが緑色
白	白いぼうし	真っ白なぼうし
赤	赤いししゅう糸	真っ白なぼうしに赤がはっきり
水色	水色の新しい虫とりあみ	あみが水色
緑	やなぎのなみ木	葉っぱが緑色
緑	クローバーが青々	青ではなく緑色
白	わた毛	たんぽぽのふわふわした白いわた毛
黄色	黄色の花	たんぽぽの花に色

【活動の展開例（上のワークシート記入例使用)】

作品を読みながら，ワークシートに色を表している言葉を集めさせる。

↓

「どんな色・言葉・その言葉からどんなことやどんな感じ」を交流させる。

↓

T：夏みかんの色は黄色とかだいだい色が出たね。

T：どっちに近い色なんだろう。Web で調べてみよう（調べさせる）。

T：こういう色なんだ。「いいみかんのにおいがしそう」と感じた人がいたね。色からにおいまで伝わってきそうな感じを受けたんだね。

T：この夏みかんの色は黄色とかだいだい色って出てたかな？

C：（教科書を調べ始める）ない。

T：何色とは書いてないね。では，どんな色って書いてあるか探そう。

C：「まるであたたかい日の光をそのままそめつけたような，みごとな色」

T：色を直接言ってないね。「まるで〜のような」はたとえの言い方で比喩といいます。読んでいる人にわかりやすく色を伝えています。

（※色と登場人物の思いを重ねて情景まで指導を進めることもできます）

ワークシート様式

お話パレット（色を表している言葉を集めよう）　名前

物語名「　　　　　　　　　　　　　　　　　　」

色	色を表す言葉	どんないろ・どんな感じ

探した色の言葉　☐　つ

まんがも読もう！

読む力につながるまんが

　子どもたちの読解力を高めたいと感じたときに，子どもたちが読むことが苦手なのではなく，そもそも子どもたちは「読む」ことに慣れていないのではと思ったことがあります。

　私が小学生だった頃はアニメ・まんがが盛んな時代で，夕方にテレビをつけるとアニメが放送され，月刊誌を買ってもらったときには何度も何度も繰り返し読んだ記憶があります。

　まんがは絵（イラスト）と言葉（文字）で表され，どのような場面や状況なのか，登場人物の心情はどうなのかなどを読み取りながら楽しむことができます。楽しみながら，「読む」ことに慣れることができる素晴らしいものです。ストーリーの楽しさだけではなく，登場人物の話す名言も心に残ります。登場人物の考え方がわかるセリフや，普段自分が使わない言い回しなどは印象的で記憶にも残るでしょう。時に自分に力を与えてくれることもあります。

　４コマまんがは，４つのコマしかありませんが，その分１コマに描かれている内容の意味が重要で，伏線や論理の展開などを気付かせるのにもってこいです。活動アイデアとしては，４コマまんがを１コマずつ切り離し，バラバラにした後にそれを正しい順番通りに並べさせます。子どもたちは，１コマに描かれている内容を捉え，他のコマと見比べながらつながりを考えていきます。

　読む力をつけるために，何が描かれているのか，何と何がつながっているのかを捉える力が大切だと思います。文章では言葉から捉えることになります。日常的に言葉から捉える力を高めるためにも，まんがも大切と私は思います。

28

比喩を探そう

使用場面 作品の表現技法の特徴を捉えさせる場面

つけたい力・視点 比喩表現

ねらい 作品に用いられている比喩表現を捉えさせる。

　物語では，人物や物事の様子，情景，心情などが読者により伝わるように，豊かな表現技法が散りばめられています。作者がその場の様子や登場人物の心情をそのままストレートに伝えるのではなく，比喩を用いることで臨場感が伝わるように表現しているところを子どもたちに考えさせます。「川とノリオ」は比喩表現が多く，この活動ネタにおすすめです。

手　順

①比喩について確認する。

②教材文の中から比喩表現を探す。

③比喩を使って表現したことについて，どういうことを表しているのか，どのような様子が伝わってくるのか自分なりの解釈を書く。

ポイント

　作品によっては，比喩表現が多いこともあります。そのような場合には，場面やページを絞って考えさせます。高学年で指導する際には，これまで読んできた物語文の中にある比喩と，伝わる様子について効果を交流させてから，当該学年の物語文における比喩表現に着目させて読ませると効果的です。

【指導の展開例】

①比喩表現の種類について確認する。

> 直　喩…（まるで）○○のような，（まるで）○○みたいな
> 　　　　　例「りんごのような赤い空だ」
> 暗　喩…（まるで）○○のような，（まるで）○○みたいなを使わない
> 　　　　　例「○○さんはわたしの太陽だ」
> 擬人法…人間ではないものを人間にたとえる
> 　　　　　例「空が泣いている」

②これまでに学習した物語文にある比喩表現について伝わる様子を交流する。

「一つの花」

比喩が使われている表現	伝わる様子（子どもたちの考え）
ごみすて場のような所に，わすれられたように	あまりきれいではない 雑草とか生えてそうな
まるで何かお話をしているかのように	会話はしていないけど，呼び合っている感じ

「ごんぎつね」

比喩が使われている表現	伝わる様子（子どもたちの考え）
大きなほくろみたいに	大きくて黒い
ふくろのようになったところ	ふくろのような形
ひがん花が，赤いきれのように	赤くてつながって咲いている
赤いさつまいもみたいな	ゆでたさつまいもの表面のような赤い色，顔色がいい

「大造じいさんとがん」

比喩が使われている表現	伝わる様子（子どもたちの考え）
思わず子どものように	大人げなく，うれしさがあふれた
東の空が真っ赤にもえて	空一面が赤い，朝焼け
雪のように清らかに	白くて，美しい，残雪だから雪

③②と同様に当該学年の物語文にある比喩表現について考えを交流させ，伝わる様子を確認しながら読みを豊かにしていく。

29

作者（筆者）の雰囲気で
書いてみよう〔視写〕

使用場面 場面読みや単元の後半における表現の捉えのとき

つけたい力・視点 作者（筆者）の表現技法

ねらい 視写を通して，作者や筆者の言葉の使い方に触れさせる。

　作品（文章）を実際に視写してみると，作者や筆者がどんな言葉を使い，どのような文で表しているのか，改めて気付かされることがあります。

　私も教材研究の際に文章をワープロソフトで打つことがありますが，実際にやってみて気付くことを教師のものだけにしておくのはもったいないです。実際に書いてみて気付く体験を子どもたちにもさせましょう。

手 順

①作者の表現技法を，作品を視写することを通して感じることを伝える。

②表現技法の特徴に気を付けながら視写するので，スピードを競うのではなく，確実性を重視することを伝える。また，視写を通して表現上で気が付いたことも書かせる。

③視写して気付いたことを全体やグループで交流する。

ポ イ ン ト

　どのコースで視写をするのかを決めさせます。

より	作家・筆者の気分で→原稿用紙コース（ペン書き）
いつもどおりで	作家・筆者の気分で→原稿用紙コース（鉛筆書き）
現代の	作家・筆者の気分で→ワープロコース（パソコンで）

文章全体となるとボリュームがあるので，ページや段落，場面で区切ります。時間を考えてボリュームを調整しましょう。学校だけではなく，家庭学習の一つとしても取り組ませることができます。

視写したら，感想や作者や筆者の言葉の使い方で見つけたことや気になったことを書かせると，表現の学習につながります。

【例「ごんぎつね」】

作者（作家）・筆者の雰囲気で書いてみよう〔視写〕	
気がついたこと	視写
・「私が小さいときに、村の茂平というおじいさんからきいたお話」とあったので、語っている私はどんな人か気になりました。 ・中山さまが「おられた」と語っているので、私にとってもえらい人なのかもと思いました。 ・「いました。」や「しました。」が何回も出てきた。	これは、私が小さいときに、村の茂平というおじいさんからきいたお話です。 むかしは、私たちの村のちかくの、中山というところに小さなお城があって、中山さまというおとのさまが、おられたそうです。 その中山から、少しはなれた山の中に、「ごん狐」という狐がいました。 ごんは、ひとりぼっちの小狐で、しだの一ぱいしげった森の中に穴をほって住んでいました。そして、夜でも昼でも、あたりの村へ出てきて、いたずらばかりしました。はたけへ入って芋をほりちらしたり、菜種のほしてあるのへ火をつけたり、百姓家の裏手につるしてあるとんがらしをむしりとって、いったり、いろんなことをしました。 （青空文庫「ごん狐」より）

30

登場人物に関する言葉でビンゴ！

使用場面　登場人物像を捉えさせる場面

つけたい力・視点　登場人物像

ねらい　登場人物に関する叙述に注目させながら，登場人物像を捉えさせる。

　登場人物像を楽しみながら捉えさせるために，ビンゴ形式で行います。本文の叙述から，登場人物に関する言葉（ワード）を探させ，ビンゴの枠に埋めさせていきます。

　登場人物に関する言葉としては，境遇，性格，心情等があります。登場人物像がわかる言葉をどんどん探させます。ビンゴですので，縦・横・斜めで一直線になる回数が多くなるように場所を考えながら入れさせます。

　マスに言葉を入れさせてから，登場人物像がわかる言葉を教師が読み上げて，ビンゴ数を競わせます。

手　順

①本文の叙述から登場人物に関する言葉を探させる。その際，言葉が本文のどの場所にあったのかがわかるように教科書に傍線を引かせる。

②探した言葉をビンゴのマスに入れさせる。

③教師が登場人物像に関する言葉を読み上げ，ビンゴを行う。

ポイント

　登場人物に関する言葉を挙げると，性別・大人か子どもか・体格・どんな顔・どこに住んでいるのか・どんな生活をしているのか・どんな育ち方をし

てきたのか・性格・身分・好きなもの・行動・言動・言葉遣いなど，枚挙に
いとまがありません。

　どの言葉を探し出したのか，本文に線を引かせることもポイントです。そ
うすることで，本文のどのあたりに登場人物像に関する言葉があったのか視
覚的に認識できるようになります。

　ビンゴゲームですので，慣れてきたら，子どもたちに登場人物像に関する
言葉を一つ言わせていきます。その際，登場人物像と関係性がない言葉を選
んでしまうことがあるので，なぜ，その言葉なのか，理由を言わせるとよい
です。

コピーして使える！

ワークシート様式

登場人物に関する言葉でビンゴ　　名前

作品名「　　　　　　　　　　　　　　　　」

手順

①お話を読んで登場人物がどんな人かわかる言葉に線をひく

②線をひいた言葉から選んでビンゴのマスに書く

③ビンゴゲームスタート！

31

登場人物の話しぶりに着目しよう

使用場面 登場人物の特徴を捉える場面

つけたい力・視点 登場人物の口調

ねらい 登場人物の話しぶりに着目することで，その人物の個性を捉えさせる。

　物語には様々な登場人物が登場します。人物のもっている個性も物語において大事な部分です。登場人物の個性は，語り手によって語られることでわかることがありますが，ここでは，あえて会話文のみに限定することでその人物の話し方に着目させます。

　人物の話しぶりとして，丁寧な言い方，ぶっきらぼうな言い方，自信がありそうな言い方，自信がなさそうな言い方，他人に寄り添う言い方，方言などがあります。話しぶりからも人柄をうかがうことができますので，言葉の特徴から，登場人物の個性を捉えさせるのがねらいです。いつもは読みながら何気なく感じ取っていることを意識化させる活動ネタです。

　話しぶり（口調）から登場人物の特徴を捉えていく活動ですので，中～高学年で行います。会話文が多い低～中学年の物語文を使うとよいです。

手 順

①登場人物の話しぶりの特徴にはどんなものがあるか考える。

　（例：丁寧な言い方，ぶっきらぼうな言い方，自信がありそうな言い方，

　　自信がなさそうな言い方，他人に寄り添う言い方，方言など）

②物語を読んで，会話文からその人の特徴がわかる言葉を抜き出す。

③抜き出した言葉からその人の個性について考え，グループや全体で交流する。

ポ イ ン ト

　口調の特徴として語尾や呼び名に着目させ，まず，書き出させましょう。ワークシートに直接書いていってもよいですし，付箋に書いて貼っていってもよいです。次に，抜き出した言葉（話しぶり）から自分なりに感じ取ったことを書かせます。

　グループや全体で交流する際には，他の人との共通点や相違点という視点をもたせましょう。共通点から入ったほうが「そうそう，そういう言い方って，○○だよね〜」となり，和やかな雰囲気になります。

作品名　お手紙	
登場人物	口調
かえるくん	「どうしたんだい」「きみ」「そりゃ」「〜かい」「おもうな」「しれないだろう」「だもの」
がまくん	「〜だもの」「〜なのさ」「いやだよ」「〜したよ」「あるものかい」「ばからしい」「〜だぜ」「きやしないよ」
かたつむりくん	「すぐやるぜ」

　かえるくんとがまくんでは口調が異なっているところがあると思います。

　かえるくんは相手に助言しているようにやや常識的なものの言い方（自信がある）の感じを受けます。一方でがまくんは少し悪ぶっているような（ぶっきらぼうな）特徴が出ています。どちらも少年的な口調と感じます。かえるくんとがまくんの口調を集めて比較することで，2人の個性の違いが見えてくることがあります。

作品名　わにのおじいさんのたからもの	
登場人物	口調
おにの子	「ぼくは」「あなたが」「〜おいでかと思ったのです」「〜ですか？」

おにの子は自分のことを「ぼく」，相手を「あなた」，さらに「〜です」調と丁寧な言葉遣いでしっかりとした人物に感じます。

作品名　かさこじぞう	
登場人物	口調
じいさま	「ござらっしゃる」「〜のう」「それがええ」「くだされ」
ばあさま	「〜のう」「くだされ」

「〜のう」が特徴的なお話です。また，「くだされ」と相手を思いやる人柄であることも伝わってきます。じいさまとばあさまに同じ口調があることから，2人の仲睦まじさや似ているところも伝わってきます。

ワークシート様式

登場人物の話しぶりに着目しよう　名前

☆お話を読んで、登場人物の持ちようある話しぶりをさがそう。

作品名「　　　　　　　　　　　　　　　　　」

登場人物	話しぶり（口調）	どんな感じ・どんな人

まとめたものを友達と交流してみて

32

主人公を捉えよう

つけたい力・視点　主人公の性格や特徴

ねらい　主人公（中心人物）は誰かを定義をもって捉えさせる。

　物語文では，どの人物（中心人物）に，どんな出来事があり，どのように変容したかという，登場人物の変容を捉えせることが大切です。人物の変容という点で中心人物（主人公）を捉えさせます。

　「主人公（中心人物）は誰だ？」と問うことによって，子どもたちは文章を基に考えを巡らせますが，どのような定義でもって主人公（中心人物）を捉えたかは曖昧な場合があります。まずはしっかりと定義をもたせて捉えることができるようにします。

　参考までに，前田愛（『増補文学テクスト入門』ちくま学芸文庫）は，主人公の条件について次のように述べています。

・視点人物である。

・試練を経ながら人格形成を果たす。

・境界（内から外，外から内）を超える。

手 順

①「主人公は誰だ⁉」と題し，主人公探しをしていくことを伝える。

②教材文を読んで主人公は誰かを考える。

③主人公は誰なのかを根拠を基にグループや全体で交流する。

ポ イ ン ト

　初めて行う場合には，あえて主人公（中心人物）とはどういうものなのか
を示さず，子どもたちに主人公だと思う理由を交流させるのも盛り上がって
いいです。子どもたちなりの主人公（中心人物）の定義が出てきます。最後
に，子どもたちの考えをまとめながら定義を伝えていきましょう。

【例「お手紙」（低学年教材ですが，中学年以上での復習バージョン）】

Ｔ：「お手紙」の登場人物は誰でしょう？

Ｃ：がまくん，かえるくん，かたつむりくん。

Ｔ：主人公（中心人物）は誰でしょうか？

Ｃ：(子どもたちの予想) がまくん。

Ｔ：どうしてそう思ったの？

Ｃ：がまくんが手紙をもらって喜んだお話だから。

Ｃ：でも，活躍しているのはかえるくんだから，かえるくんだ。

Ｔ：そうか。まず，みんなで主語を数えてみよう。

　　（子どもたちが数え終わったら）一番多いのは誰ですか？

Ｃ：かえるくん。

Ｔ：一番その人の行動が多く描かれている，かえるくんが主人公（中心人物）では
　　ないかな？

Ｃ：(う〜ん)，(そうか)，(でも……)，(いや，がまくんのはず……) など。

Ｔ：悩むよね。主人公（中心人物）の大事なポイントを伝えるね。
　　その人は何かの出来事を通して気持ちが大きく変わった人です。
　　そうすると……。

Ｃ：やっぱり，がまくんだ。

Ｃ：かえるくんだって，手紙をもらえないがまくんを見て，悲しくなって，手紙を
　　書いてあげたことで幸せになったから，かえるくんだと思う。

Ｔ：そうだね。そうしたら，根拠となる言葉を探そう（時間をとる）。

Ｔ：では，がまくんだと思う人から。

Ｃ：(がまくんの根拠となる言葉)

「かなしい」「とてもふしあわせな気持ち」「2人ともかなしい」「あきあき」「手紙をくれる人はいない」「ばからしい」「きょうだって，おなじ」「きやしない」「とてもいい手紙」「2人とも，とてもしあわせな気もち」「とてもよろこびました」

Ｃ：(かえるくんの根拠となる言葉)

「2人ともかなしい」「2人とも，とてもしあわせな気もち」

Ｔ：どっちも探したね。どっちかな？

Ｃ：がまくん。がまくんのほうが気持ちがはっきりと出ているから。

Ｔ：そうか。がまくんの気持ちの変化ってどうだったか確認してみよう。

　　最初は悲しくて，不幸せな気持ちだったのが……，どうなったかが一番わかるところはどこかな？

Ｃ：(手紙をもらって)「とてもよろこびました」。

Ｔ：そうか。最初と最後で気持ちの大きな変化がわかるね。

Ｔ：主人公(中心人物)は，このお話の中で何かの出来事を通して気持ちが大きく変わった人でした。

　　今まではたぶんとか，何となくで考えていたかもしれないけど，主人公(中心人物)を捉える方法を知っていると自信をもつことができるね。

がまくん　？　かえるくん

ワークシート様式

主人公（中心人物）はだれだ!?　　名前

物語名「　　　　　　　　　　　　　　　　　　」

ポイント	ある→〇	だれ	どんな
①その人の目線や立場でお話しているところがある。			
②その人は出来事で「思いや考え、生き方」が変わっている。			
③こんなところを生み出している。			

【予想】

よって、主人公（中心人物）は

33

パンフレットや Web サイトを参考に
物語の人物紹介を作ろう

使用場面 登場人物について捉えさせる場面

つけたい力・視点 人物紹介

ねらい 登場人物の人物像について端的にまとめさせる。

　これも，ネタ11同様，映画やテレビドラマ，アニメのパンフレットや Web の作品紹介にある人物紹介（キャラクター紹介）を参考にさせます。たいていの場合，登場人物の写真と人物名，人物の置かれている境遇や性格などが端的に書かれています。

　子どもたちが読み進めた物語の登場人物について，端的にまとめさせることを目指します。読んでいるときは何となくつかんでいる登場人物の情報をアウトプットさせる力を育みます。現在学んでいる教科書教材はもちろんのこと，これまでに学んだ教材で取り組ませてもよいです。ウォーミングアップとして，みんなが知っているお話で行うのが楽しいです。

手 順

① Web サイト等で，映画やテレビドラマ，アニメの「人物紹介」を確認する。これを参考に登場人物紹介を書くことを伝える。

②人物紹介をまとめさせる。

③できた人物紹介をグループや全体で交流する。

ポ イ ン ト

　端的にまとめさせるのがねらいなので，字数を決めます（75～100字）。人

物紹介で入れる内容は，①人物の置かれている境遇，②人物の特徴，③人物の性格などです。ノートにまとめさせたり，ケント紙や画用紙にまとめたものを掲示したりします。

【例「ごんぎつね」】

「ごんぎつね」人物しょうかい

名前＿＿＿＿＿＿＿＿＿＿＿＿

兵十のイラスト	ごんのイラスト
兵十	**ごん**
おっかあと二人でまずしいくらしだったが，おっかあが死んでからはひとりぼっちだった。 　川でうなぎをとっているときにごんにうなぎをぬすまれてしまうことがあった。ごんをよく思っていない。	山の中に住むひとりぼっちの小ぎつね。夜でも昼でも，あたりの村へ出ていって，いたずらばかりする。兵十のことをよく見ていて，兵十のためになることをしようとする。

加助のイラスト	いわし売りのイラスト
加助	**いわし売り**
おひゃくしょう。兵十から，このごろ不思議なことがあると相談される。兵十のそうだんについて一生けんめいに考える。	生きのいい，いわしを売る。いせいのいい声で売っている。ある日，いわしをぬすまれたことで，兵十をなぐる。

34

人物ビフォーアフター

使用場面 人物の変容を捉える場面

つけたい力・視点 登場人物の変容

ねらい 物語における人物の変容を視覚的にまとめさせる。

　教科書の物語文では，登場人物は（特に主人公は必ず）変容します。どのように変容したのかを大事に捉えさせたいものです。出来事を通して登場人物がどのように変容したのかについてのイメージをもつことができるように，図を使いながらまとめさせていきます。

　作品によっては，登場人物のある一点のみの変容が見られる場合もあります。どこが変容したのかをわかりやすくするとともに，あまり変わらないところはどこかも捉えさせたいものです。人（人間性）が，がらっと変わってしまうような話もありますが，少しずつ成長していく話もあります。可視化することで，読解が深まります。

手　順

①物語文の内容を捉えさせながら全文を読む。

②登場人物の内面や性格について，「変わらない部分」「変わった部分」「新たに追加された部分」の観点でまとめさせる。

③まとめたものを基にグループや全体で交流させる。

ポイント

　「物語において登場人物は出来事を通して変容する」という前提での活動

です。この活動は，ある出来事を通して登場人物がどのように変わったのか，ひと目でわかるように自分でまとめられるようにするのがねらいです。

　「どうして，そのように変容していったのか」についての交流もしたい場合は，ワークシートやノートをまとめた後に行うと，子どもたちに共通理解があるので行いやすいかもしれません。

【ワークシート記入例：「きつねのおきゃくさま」】

　このお話は，繰り返しを通して登場人物が少しずつ変容するところがあります。ですから，変容していく部分とそうでない部分があります。そこがこの作品のおもしろさの一つでしょう。下記の例は，場面における変容をまとめたものです。後半の決定的な出来事がありますが，そこに至るまでの中心人物の気持ちの変化を捉えさせたものです。他の作品では，場面での捉えではなく，作品全体での捉えを行います。

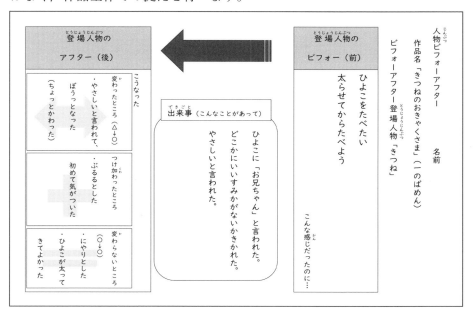

ワークシート様式

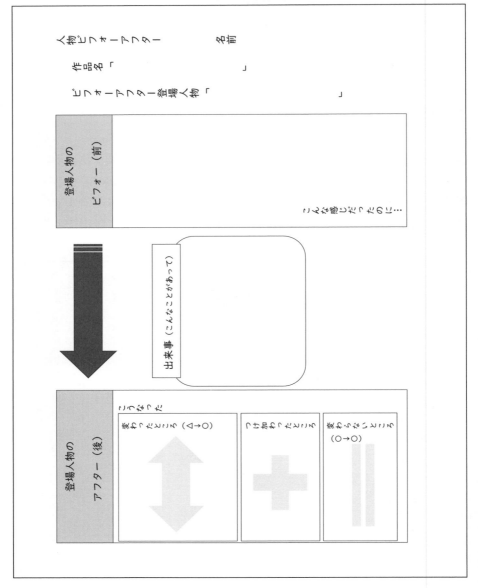

人物ビフォーアフター　　　名前

作品名「　　　　　　　　　　」

ビフォーアフター登場人物「　　　　　　　　　　　」

登場人物の
ビフォー（前）

りんな感じだったのに…

出来事（こんなことがあって）

登場人物の
アフター（後）

いうなった

変わったところ（△→〇）

つけ加わったところ

変わらないところ（〇→〇）

アニメやまんがを通した子どもたちとの関係づくり①

アニメやまんがの話ができる先生

　このコラムでは，アニメやまんがネタが多いと感じられるとお思いかもしれません。私自身が好きだからに他なりません。自分が好きなものが子どもたちとの関係づくりに役立つのは，楽しいことだと思いませんか。

　学校での読書の様子を見ていると，子どもたちが好きな本がわかります。しかし，あくまでも学校という場においてのものかもしれません。アニメやまんがを見ている子どもは多いです。子どもたちにとって，アニメやまんがは身近なメディアであり，楽しみながら情報を認識して解釈をしていると思います。このことは，学校の学習における「読む」力につながっていると思います。

　どうしたら，子どもたちからそれを自然な形で聞き出すかです。

【つぶやく】学級にいるときに何気なくつぶやきます。
　　　　　　「昨日，○○（アニメやまんが）を見たんだけどさあ」
　　　　　　（テレビで放映されたものだとより効果的です）

　そうすると，子どもたちからは，「わたしも見た」という声が上がります。それだけでなく，「あれもおもしろいよ」「あれは見た？」と子どもたちは勝手に盛り上がっていきます。

　まずは，普段からアニメやまんがの話を先生のほうからすることです。そんなことは学習に関係ないと思われる先生もいらっしゃるかもしれませんが，子どもたちに「先生もアニメやまんがを見るんだ」「アニメやまんがの話ができる先生だ」と思わせることで，子どもたちとの接点を一つ増やすことができます。いろいろな子どもたちがいるので，教師が子どもたちとの接点（チャンネル）を増やしておくことは大事です。実際に助けられたことも多くありました。

コラム　「アニメやまんがを通した子どもたちとの関係づくり②」に続く

35

登場人物の変わり方に着目しよう

使用場面 登場人物の変化を捉えさせる場面

つけたい力・視点 登場人物の変容

ねらい 登場人物のどこが変わったのかを捉えさせる。

　人物の変容については，34「人物ビフォーアフター」で紹介しました。登場人物の変容を文で書くものでしたが，もう少し簡単にし，文で書くのが苦手な子どもにも対応したパターンのネタがこちらです。

　人物の変容がある出来事によって大きく変化したとしても，人物のどんな面が変化したのかということについて捉えづらい子どももいます。そこで，「登場人物のステータス」をつくり，どのくらい変わったのかを☆の数で表現させます。コンピュータゲームやカードゲームなどによくあるキャラクター特性や状態を示すものに近いです。

手 順

①登場人物の性格や特性を確認する。
②登場人物の変化の度合いについて☆印で書かせる。
③書いた内容をグループや全体で交流する。

ポ イ ン ト

　登場人物の変容となったきっかけなどのターニングポイントも考えさせながら，交流を深めていくのがよいです。

ワークシート様式

登場人物の変わり方に着目しよう　名前

作品名「　　　　」

手順①
登場人物の性格や特ちょうを書き出す

手順②
①はじめのじょうたいのステータス（☆）に色をぬる
②出来事のあとのじょうたいのステータス（☆）に色をついかする

登場人物の絵または挿絵

登場人物名	
ステータス	

記入例

登場人物の変わり方に着目しよう　名前

作品名「ごんぎつね」

手順①
登場人物の性格や特ちょうを書き出す

・ひとりぼっち
・いたずらずき
・つぐないをする

手順②
①はじめのじょうたいのステータスに☆をかく
②出来事のあとのじょうたいのステータスに☆をかく

登場人物の絵または挿絵

きつねのイラスト

登場人物名	ごんぎつね
ステータス	はじめ→出来事のあと
ひとりぼっち	☆☆☆　　→☆☆☆
いたずらずき	☆☆☆☆☆→
つぐないをする	→☆☆☆☆☆

36

語り手を変えて書いてみよう

使用場面 語り手の視点について指導するとき

つけたい力・視点 語り手による視点変化

ねらい 語り手を変えることで，読者への伝わり方が変化することに気付かせる。

　視点による違いを体感させるための書く活動です。

　語り手と視点について，教材文を使いながら指導することがあると思いますが，一度ではなかなか定着しません。そこで，実際に子どもたちに語り手が変わり，視点が変わるとどういう感じになるのか体感させます。「聞いたことよりやったこと」がより記憶に残るからです。

手　順

①みんなが知っている昔話や既習の物語文教材など，子どもたちにとって身近なお話を用意する。

②オリジナルの語り手とは違う語り手で書く。

③語り手が変わるとどんな感じになったか交流する。

ポイント

　手順①に関して，自分が好きなお話を学校図書館から借りておくのもよいです。あまりお話が長いと時間がかかりますので，短めのお話にしましょう。できれば，みんなが知っているお話のほうが後で交流させるときに便利です。

物語の語り手の視点

一人称視点	「ぼくは…」「わたしは…」で語られる。 読者は登場人物に感情移入しやすい。 視点人物の見えていること，知っていること，考えていることだけ語れる。
三人称視点	「彼は…」「彼女は…」などで語られる。 全知視点…語り手がどの登場人物の内面にも入り込む。 （「お手がみ」「ごんぎつね」） 限定視点…特定の登場人物の内面に入り込む。 （「スイミー」「大造じいさんとがん」） 客観視点…登場人物の内面に入り込まない。 （「一つの花」）

【実践例（一人称視点で書いたもの）】

語り手を変えて書いてみよう　名前

作品名「うらしまたろう」
青空文庫「浦島太郎」楠山正雄

もともとの語り手「第三者」
←
変えてみた語り手「うらしまたろう」

語り手を変えて書いたお話

これはむかし、むかしの話だ。

わしは、たんごの国に住むりょうしで浦島太郎という。

わしは、毎日つりざおをかついでは海へ出かけ、魚をつって、父と母をやしなっていた。

ある日、わしがいつもどおり海へ出て、魚をつって、帰ってくると、子どもたちが集まって何やらやっていた。何をしているかと思って見てみると、小さいかめの子を棒でつついたり、石でたたいたりしていじめていた。

わしは見かねて、

「そんなかわいそうなことをするものではない。」

と言ったが、子どもたちは聞きもしないで、

「そんなことかまうもんか。」

と言って、またかめの子を、あおむけにしたり、足でけったりした。

語り手を変えてみた感想

視点がうらしまたろう自身なので、うらしまたろうが見た感じがより強い感じがした。

ワークシート様式

語り手を変えて書いてみよう　　　名前	
作品名「　　　　　　　　　」	もともとの語り手「　　　　　　」 ↓ 変えてみた語り手「　　　　　　」
語り手を変えて書いたお話	
語り手を変えてみた感想	

アニメやまんがを通した子どもたちとの関係づくり②

「今推しのアニメやまんが」を教えてくれる子どもたち

　「アニメやまんがの話ができる先生」であることがわかると，子どもたちのほうから「先生，あの話（アニメやまんが）知っている？」と話しかけてきます。そんなときには，「どんなところがおもしろいの？」と聞くと，「○○（登場人物）が〜するところ」「○○（登場人物）がかっこいい！」などと話してくれます。

　そんなやりとりを日頃からしていくと，子どもたちが「今推しのアニメやまんが」を熱く伝えてきます。私が知らない場合が多いので，やはり「どんなところがおもしろいの？」と尋ねると，そこからは子どもたちのプレゼン的な話のスタートです。

　子どもたちが語る内容には，登場人物の特徴や作品のあらすじ，作品の評価などがあり，教師が思っている以上に作品を読んで分析的に捉えていることがわかります。作品を味わうことを楽しみながら自然と「分析」や「共有」も行っているわけです。これを国語科の学習でも活用します。みんなが知っているアニメやまんがを例にすることで作品を理解しやすくなることがありました。

　高学年になるとライトノベルを手にする子も出てきます。ライトノベルの中には，異世界でのお話もあります。国語科におけるファンタジー作品との関連につなげやすいです。

　子どもたちに「熱い」説明を受けて，実際に本を手にしたことは数しれません。はまってしまい，作品のモチーフとなったとされた場所を訪れる「聖地巡礼」をしてしまった作品もあります。子どもたちから教えられることもまた，教師という仕事の醍醐味ですね。

37

どんな予想をして読んでた？

使用場面 導入時や初読時

つけたい力・視点 読者のもつ予想との違い

ねらい 物語を読んでいるときにもっている展開の予想と実際の違いをはっきりともたせる。

　物語の読者は，書かれていることを基に，「これは〜だから，……だろう」とか「これはよくないことだから，きっと……（……になってほしい）」という展開の予想をしながら読んでいるのではないでしょうか。自分の予想とは違う展開になることで，意外性や感動が生まれます。作品を読みながら，自分の予想と違ってくるところにお話の楽しさとドキドキがあるものです。

　学習の場面においては，互いの考えを交流させるうえで，自分がどう感じたかをはっきりさせておかないと，「思い浮かばない」ということになり，学習がつまらなくなってしまいます。

　つまり，「このお話のおもしろかったところをあげましょう」という学習課題があった場合（展開において）に，「自分がおもしろいと感じたポイント」に対する自分の認識をメタ認知的にはっきりともたなければなりません。

　お話の世界に入っていくほど感動が上回り，「そういえば，ここがまさかこうなるとは」ということについて，後で思い出しにくくなってしまう子もいます。おもしろいなと感じる作品では，（良い意味で）予想が何度も裏切られることが多いと私は思います。

　そこで，作品のおもしろさに気付かせる一つの方法として，どこが自分の予想と違っていたのかを明らかにさせることで，自分の考えをもたせることができます。

手　順

①物語全文を読む（分割して読んでおいてもよい）。

②「自分はこうなると思って読んでいた」→「だけど実際は」→「結果がこうだったことに対して自分や作品，作者にひと言」の順に書かせる。

③自分の考えをグループや全体で交流する。

ポ　イ　ン　ト

　可能な限り初読の作品を使いたいものです。結末がわからないように教材文を徐々に提示したり，教師が範読をしたりすると効果的です。お話の内容をすべて知っているという場合には，「初めて読んだときのことを思い出して」書かせることになり，この活動ネタに向かないためです。

①大きな展開場面の前までの教材提示や範読をする。

↓

②このあとどうなるかを子どもに書かせる。

↓

③どんな予想をしたか交流する。

↓

④続きの教材提示や範読をする。

↓

⑤結果を知り，自分や作品，作者にひと言書く。

↓

⑥⑤で書いたものを交流する。

【活動例「わにのおじいさんのたからもの」】

■作品の簡単なあらすじ

　おにの子が，ある日年をとったおじいさんわにと出会います。死んでいるかもしれないと思ったわにに，おおきなはっぱを集めてかけてあげるとわにが目をさまします。わには宝物をとろうとするやつから逃げるために，長い旅をして疲れていたのです。

　わにはおにの子に宝物のかくし場所の地図を示します。おにの子は苦労して宝物のありかにたどりつきます。そこには……。

どんな予想をして読んでた？「わにのおじいさんのたからもの」

とちゅうまでのお話を聞いて、このあとはどうなるか

【予想】
・きっと、すごいおたからがあるはずだ。
・金がたくさん、うまっている。
・おたからをみつけて、大金もちになる。

続きのお話を聞いて、思ったこと

【自分の予想にひと言】（予想どおり？　ちがった？　どう思ってた？）
よそうとはちがっていました。わにのおじいさんは長い長いたびをしてきたし、おにの子もがんばって山とかをこえてきたので、金だとおもっていました。

【お話にひと言】
おたからがせかい中でいちばんすてきな夕やけというのが、よそうとちがってがっかりだけど、きれいでいいとおもいました。

【作者にひと言】
おには、たからものとはぜんぜんえんがないということをあとでわかって、そういうことだったのかとしりました。作った人はすごいです。

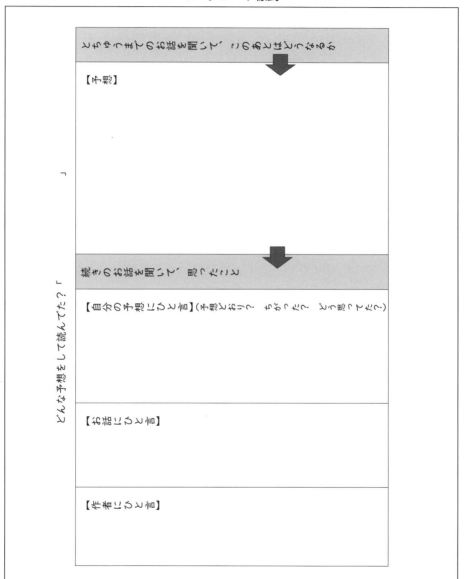

コピーして使える！

ワークシート様式

「どんな予想をして読んでた？」

とちゅうまでのお話を聞いて、このあとどうなるか

【予想】

続きのお話を聞いて、思ったこと

【自分の予想について言】（予想どおり　ちがった、と思ってた？）

【お話について言】

【作者について言】

38

2人の心の距離をゲージで表そう

使用場面 登場人物の心情の変化を捉えさせる場面

つけたい力・視点 心情

ねらい 2人の登場人物の心の距離を，どこまで近づいているか棒グラフに色を塗ることで可視化して捉えさせる。

　　ゲージとは，コンピュータゲームなどで用いられる言葉で，残りの体力などを表す棒グラフ状のことを指します。ここでは，その2人の登場人物の心の距離（実際の距離でも使えます）が，どこまで近づいているかをゲージ（棒グラフ状）に色を塗ることで可視化して捉えさせます。

　　物語では，展開によって心の距離が変化する場合があるので，展開や場面ごとに距離を確かめさせていきます。色を塗って，距離がどうだったということだけではなく，どうしてそのような距離になったと思ったのか，本文の叙述を根拠に理由を交流させていきます。

手　順

①展開や場面ごとの2人の登場人物の心の距離がどこまで近づいているか，色を塗らせる。

②どうしてそのような距離になったのか，本文の叙述を根拠に理由を考えさせる。

③ワークシートを見合いながら，グループや全体で交流する。

ポ イ ン ト

　　色を塗ることで登場人物の心の距離を可視化させ，どうしてその距離にな

ったのか，理由を叙述を根拠に考えさせるのがねらいです。

　物語によっては，互いに距離を縮めてくることもあれば，片方が急に歩み寄ってくることもあります。一方的に距離を縮めてくるときもあります。そういうところも楽しみながらやってみてください。

　例えば，「ごんぎつね」では，ごんがどんどん兵十のほうに思いを寄せていくので，兵十のほうへ接近していきます。一方，兵十はくりやまつたけをくれていたのが今自分が撃ったごんだと知ってから，ごんへ思いを寄せていったと考えます。

作品名「ごんぎつね」											
登場人物「ごん」	心の距離										登場人物「兵十」
	遠い ⟹			接近		⟸ 遠い					
はじめ											はじめ
つぐないの場面	▓	▓	▓								つぐないの場面
最後	▓	▓	▓	▓	▓	▓	▓	▓				最後

　あくまでも一つの例として，はじめの場面では，いたずら好きのごんと，ごんのいたずらで迷惑する兵十なので，近づくどころか離れていますので色は塗りません。しかし，兵十が自分と同じ境遇になったと考えたごんがいたずらを反省し，つぐないを始めます。よって，ごんの思いは兵十へと近づいているように色を塗ります。最後の場面で，兵十はごんがこれまでいろいろなものを届けていてくれたことを知り，ごんへの思いが生まれたと判断して，２人の心の距離は接近したというように，色を塗っています。

【例「のらねこ」】

2人の心のきょりをゲージで表そう　　　名前

作品名「のらねこ」		
登場人物「リョウ」	両はじから真ん中に向かって色をぬります 遠い　➡　接近　⬅　遠い	登場人物「のらねこ」
はじめ	このように色をぬった理由 のらねこはけいかいしているけど，かわいがってもらいたい気持ちがあるから。リョウはかわいがりたいけど，とびかかってきそうと思っているから。	はじめ
かんづめを見せる 場面	このように色をぬった理由 リョウは一口くれたらかわいがらせてもいいと言われてなやんでいるから。のらねこはかんづめを食べたいから。	かんづめを見せる 場面
最後	このように色をぬった理由 リョウはのらねこがかわいがられることを知らないことがわかって，やさしくかわいがってあげようするから。のらねこはかわいがってもらいたいけど，こわいから。	最後

ワークシート様式

2人の心のきょりをゲージで表そう　　　名前

作品名「		」
登場人物 「　　　　　　」	両はじから真ん中に向かって色をぬります 遠い　⬛➡　接近　⬅⬛　遠い	登場人物 「　　　　　　」
はじめ	⬜⬜⬜⬜⬜⬜⬜⬜⬜⬜ このように色をぬった理由	はじめ
の場面	⬜⬜⬜⬜⬜⬜⬜⬜⬜⬜ このように色をぬった理由	の場面
最後	⬜⬜⬜⬜⬜⬜⬜⬜⬜⬜ このように色をぬった理由	最後

39

この場面で CM を入れるとしたらどこで？

使用場面 物語のクライマックス場面

つけたい力・視点 クライマックス

ねらい 物語のクライマックスを捉えさせる。

　物語のクライマックスを考えさせるときに使う活動ネタです。（クライマックスの捉えには諸説ありますが，）子どもたちが主体的にクライマックスを考えさせるための手立てとなります。

　「クライマックスはどこでしょうか？」と発問することと目指すところは同じですが，「CM を入れるなら？」という投げかけによって，クライマックスへの意識を高めます。

　テレビドラマでは，いざクライマックスというところで CM が流れますよね。「一番いいところなのに……」「ああ，どうなった？」という思いになるところです。クライマックスの直前に CM が入ると想定して考えさせます。

　テレビドラマや物語の一般的なクライマックスは最高潮を示し，物事や感情の緊張が最も高まったところですが，ここでは，「中心人物の大きな変化があったところ」をクライマックスと考えます。ねらいは「中心人物の変容」に目を向けさせるためです（ドラマ等における一般的なクライマックス（最高潮）と物語におけるクライマックスは，示す範囲が異なりますので注意が必要です）。

　クライマックスについて初めて指導する場合は，クライマックス（山場）への意識付けがメインで，この辺りで山場に向かっていると気付かせることが大事です。山場の頂点の見極めに終始するのではなく，山場はどこかという部分を大事にした活動です。

手 順

①物語のクライマックスを含む場面を読む。

②クライマックスの直前でCMを入れるとしたら，どこになるか考える。

③考えをグループや全体で交流して，クライマックスを確認する。

ポ イ ン ト

　「クライマックスはどこか」というよりも，「CMを入れる」ということにすると，子どもたちの交流も盛り上がります。「だって，ここでCMだったら，もう結果がわかってるし。だから，もう少し前の……」「ここがギリギリではないかな」という交流になってきます。子どもたちは映像としてのイメージをもちながら，クライマックスを考えていきます。

【CMを入れるところについて】

　テレビを見ていると一番いいところになるとCMになるよね。お話の中で一番盛り上がっているところをクライマックスといいます。今回の学習では，中心人物の（最も大きな）変化があるところとします。「中心人物の何が，どう変わった」ということを根拠に，どこでCMが入るか考えてください。

　クライマックスの直前にCMを入れるということにするので，どこでCMを入れたらよいかを考えてください。

CMのあとに結果が出されるなあ……。

テレビだと「この後，どうなる」とかナレーターが言ってるよね。

【板書】

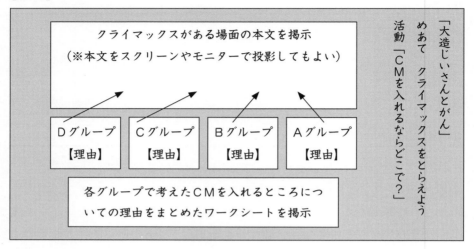

「大造じいさんとがん」

めあて　クライマックスをとらえよう

活動「CMを入れるならどこで?」

クライマックスがある場面の本文を掲示
(※本文をスクリーンやモニターで投影してもよい)

| Dグループ
【理由】 | Cグループ
【理由】 | Bグループ
【理由】 | Aグループ
【理由】 |

各グループで考えたCMを入れるところについ
ての理由をまとめたワークシートを掲示

【ワークシート】

☆物語の中から探して書きましょう。

この場面でCMを入れるとしたらどこで?(クライマックスをとらえよう)

(ここにクライマックスを含む場面の教科書本文をコピー貼付)

※CMを入れるところに印や矢印を書いてください。

【CMをここにした理由】

【活動例】

この場面でCMを入れるとしたらどこで？（クライマックスをとらえよう）
（ここにクライマックスを含む場面の教科書本文をコピー貼付）
※CMを入れるところに印や矢印を書いてください。
【CMをここにした理由】

子どもたちの回答例

> 「さっと大きなかげが空を横ぎった」の後だと思う。
> なぜなら，次に残雪の姿を見て，大造じいさんが銃をおろしたから。
> 大造じいさんはおとりのがんを残雪が助けに来てくれたことにびっく
> りしたんだと思う。

> 「それは，最期の～努力しているようでもあった。」の後だと思う。
> なぜなら，次の文に，「大造じいさんは，強く心を打たれて～」とある
> から。戦いの様子を見て，残雪のすごさを感じたんだと思う。

　理由を交流させていくと，「でも，ここが一番どきどきしたから」「次の展開が読めないところ」「だけど，場面の最後にクライマックスはないと思う」など，それぞれの感じたことが出ました。

　クライマックスは「最も盛り上がるところ」ですが，頂点をどことするかには，様々な考えがあります。今回は，「中心人物の大きな変化があったところ」としていますので，中心人物の変容がわかる文が根拠となります。

　「クライマックスはどこ？」「中心人物が変わったところはどこ？」とストレートに問うのもよいですが，このような投げかけで子どもたちが主体的に思考することをねらっています。

40

物語の結末をいくつかのパターンで作ってみよう

使用場面 物語の結末場面

つけたい力・視点 物語の構造

ねらい 物語の結末のパターンについて意識付ける。

　結末の役割とパターンについて体験をさせます。結末が違うとどんな感じになるのか，3つのパターンとして，①ハッピーエンド，②バッドエンド，③なぞのまま，を示します。知っているお話の結末を別なパターンの結末に自分で変えて書かせます。まずは，みんなが知っている昔話を使ってやってみるとよいでしょう。結末の大切さに気付かせます。

手 順

①昔話「ももたろう」のお話を，鬼ヶ島に渡るところまで読み聞かせする。
②続きがどうなるのか，3つのパターンでお話を書かせる。
③終わり方と受ける感じについて，グループや全体で交流する。

ポ イ ン ト

　子どもたちはお話の結末を変えてみるという遊びをしたことがあるかもしれません。遊びの中でしていることでも，学習として取り上げることで意識が高まります。結末は「③なぞのまま」がもっとも難しいです。

【例「ももたろう」】

物語の結末をいくつかのパターンで作ってみよう　名前

結末を変える作品名「ももたろう」

☆と中までお話を聞く（鬼ヶ島に到着するところまで）

☆その後どうなったか自分で三つのパターンで書く

結末がなぞのまま	結末がバッドエンド	結末がハッピーエンド
その後、いくらおじいさんとおばあさんが待てども、桃太郎は帰ってきません。また、鬼たちが悪さをすることもすっかりとなくなりました。	桃太郎たちは鬼に立ち向かいましたが、鬼の数が多く、鬼に負けてしまいました。何度もあやまり、持っている物を全て鬼に渡して、逃げるように帰ってきました。	桃太郎たちは次々と鬼をやっつけ、とうとう鬼は降参しました。鬼はおわびに集めた宝物を桃太郎たちに渡しました。それを村へと持ち帰り、みんな幸せにくらしたとのことでした。

コピーして使える！

ワークシート様式

物語の結末をいくつかのパターンで作ってみよう　名前

結末を変える作品名「　　　　　　」

☆と中までお話を聞く

☆その後どうなったか自分で三つのパターンで書く

結末がなぞのまま	結末がバッドエンド	結末がハッピーエンド

41

違う教科書の同じ作品を比べよう

使用場面 単元の後半（学習を終えてから）

つけたい力・視点 構成や表現の違い・作品の解釈

ねらい 同名作品でも，訳者の違いなどによって作品の受け取り方に違いが生じることを体験させる。

　子どもたちの多くは，他の学校ではどんな教科書を使っているのか知りません。教科書会社は違っても，同じ作品が掲載されているものがあります。挿絵などが異なっているので，ぱっと見た感じの印象も違って興味深いものがあります。

　さらに，同じ作品名なのに，文章に違いがあるものもあります。「同じ題名のお話なのに，違うのがあるのか」と子どもたちにとっては驚きです。「おおきなかぶ」と「大造じいさんとがん」が教材として挙げられます。

「おおきなかぶ」

内田莉莎子　訳 A・トルストイの再話を翻訳したもの	教育出版・学校図書 東京書籍
西郷竹彦　　訳 アファナーシェフの再話を原典にしたもの	光村図書

主な異なる点	【2段落目】かぶのあまさと大きさの表現が異なっている。	内田訳「あまい（あまそうな），げんきのよい，とてつもなくおおきなかぶができました。」 西郷訳「あまいあまい，おおきなおおきなかぶになりました。」
	【4段落目の部分】内田訳はかぶから離れたところから叙述し，西郷訳はかぶから順に離れていく叙述になっている。また，内田訳は「〜が〜を」，西郷訳は「〜を〜が」の表現になっている。	内田訳「おばあさんがおじいさんをひっぱって，おじいさんがかぶをひっぱって」 西郷訳「かぶをおじいさんがひっぱって，おじいさんをおばあさんがひっぱって」

「大造じいさんとがん（ガン）」

・「前書き」がある。 　「前書き」部分では，わたしがイノシシがりに出かけた際に72歳の大造じいさんから聞いた話の中から，今から35，6年前のガンがりの話を土台にして，この話を書いたということが書かれている。わたしがお話の中で，「大造じいさん」を何歳に設定したかは不明だが，挿絵からは72歳の感じはあまり受けない。もう少し若い感じがする。35，6年前の「大造じいさんとがん」がモデルなのかもしれない。	光村図書
・「前書き」がない。 　そのため「大造じいさん」はおじいさんと捉えることもできる。 （※教育出版では常体で書かれていることも差異としてある。）	教育出版 学校図書 東京書籍
「前書き」の有無は，「大造じいさん」の年齢設定に関わる。壮年の男性狩人が狩りに苦戦しながらも知恵を絞って挑むのか，老年の男性がそうするのかで，読者の「大造じいさん」への見方に違いが生じてくる。	

手 順

①学習した物語（「おおきなかぶ」や「大造じいさんとがん」）の内容を確認する。

②違う教科書の同名物語を読む。

③違いを交流する。

ポイント

　表現の違いを発見させながら，受ける感じや解釈の違いを交流させます（どこが違うか・どんな言葉になっているか・違いで感じがどう違うか）。

42

ヒントで書ける！初発の感想

使用場面 単元の初め

つけたい力・視点 自分なりの感想をもつ。

ねらい 初発の感想について観点をヒントとして示すことで，幅広く感想をもつようにさせる。

　初発の感想の書かせ方には様々な意図や方法があると思います。しかし，子どもたちに「感想を書きなさい」と指示するだけでは，苦手な子どもは鉛筆が止まってしまいます。そこで，初発の感想をもたせるための，いくつかの観点を紹介します。

手 順

①初発の感想について書くことを伝える。

②初発の感想の観点（ポイント）を紹介する。観点を基に書いたものに，どうしてそう思った（感じた）のか理由も書かせる。

③観点表（p.131）から選んで初発の感想を書かせた後，感想をグループや全体で交流する。

ポ イ ン ト

　「初発の感想」の観点のヒントとなるように，130ページのような観点表をもたせると効果的です。

初発の感想の観点（ポイント）と表現の例

場面に着目	「○○が〜する場面（ところ）が□□だった。」
	※□□には…
	例　すてき　どきどき　感動的　美しい
	「〜する場面（ところ）の○○って…」
	※…には
	例　やさしい　ひどい　勇気ある
	「〜する場面（ところ）の○○の気持ちって△△だと思う。」
	※△△には
	例　何とかしてあげたいという気持ち
	今度こそはという気持ち
登場人物に着目	「○○って，〜な人だと思う。」
	※〜には
	例　さびしがりや　勇かんな
言葉に注目	「☆☆」という表現が…と感じた。
	※…には
	例　きれい　力強い
なぞだった	「どうして○○は〜しなかったのだろう。」
	「○○の〜した意味が自分にはまだわからない。」

　上記の観点から選んで書いたものに，どうしてそう思った（感じた）のか理由も合わせて書かせます。

　書いた初発の感想を基に交流をさせていくので，みんなで見やすいように付箋・ミニホワイトボード・Google Jamboard 等にまとめさせます。

　付箋などを使うと書く分量が制限されるので，交流において説明する必要が出るしかけにもなります。

子どもたちに持たせた「初発の感想」の観点表

初発の感想を書くときのポイント（今回はどれで書く？）

着目したところ	文の例
言葉	「☆☆」という表現が…と感じた。
	○○が言った「〜」という言葉が心に残りました。
	「〜」という言葉から、…という様子がうかんできました。
場面	○○が〜する場面（ところ）が□□だった。
	〜する場面（ところ）の○○って…
	◇の場面の〜のところが心にのこりました。
	このお話のクライマックスは、◇の場面だと思います。
登場人物	○○って、〜な人だと思います。
	○○は〜な性格だと思います。
心情	〜するときの○○の気持ちって△△だと思います。
	○○が〜をしたとき、●●は…という気持ちだったと思います。
	○○は最初は〜気持ちだったけれど、だんだん〜気持ちに変わっていったと思います。
	○○が〜という気持ちになったのは、〜だからだと思います。
なぞ	どうして○○は〜しなかったのだろう。
教えて	○○の〜した意味が自分にはまだわかりません。
	どうして○○が〜なのか、みんなで考えてみたいです。

＋なぜなら、…だからです。

　使った観点のところにシールを貼らせます。貼らせることで，自分がよく使う観点がわかったり，「今回は他の観点でやってみよう」という意識をもたせたりすることができます。

初発の感想を書くときのポイント

着目したところ	文の例
言葉	「☆☆」という表現が…と感じた。
	○○が言った「～」という言葉が心に残りました。
	「～」という言葉から、…という様子がうかんできました。
場面	○○が～する場面（ところ）が□□だった。
	～する場面（ところ）の○○って…
	◇の場面の～のところが心にのこりました。
	このお話のクライマックスは、◇の場面だと思います。
登場人物	○○って、～な人だと思います。
	○○は～な性格だと思います。
心情	～するときの○○の気持ちって△△だと思います。
	○○が～をしたとき、●●は…という気持ちだったと思います。
	○○は最初は～な気持ちだったけれど、だんだん～な気持ちに変わっていったと思います。
	○○が～という気持ちになったのは、～だからだと思います。
なぞ　教えて	どうして○○は～しなかったのだろう。
	○○の～した意味が自分にはまだわかりません。
	○○が～なのはなぜか、みんなで考えてみたいです。

＋なぜなら、…だからです

43

考えの形成

登場人物になって日記をつけよう

使用場面　場面ごとの学習の終わり

つけたい力・視点　登場人物の行動と心情

ねらい　登場人物の行動と心情を捉えさせる。

　低学年だと，役割演技などの動作化を通した登場人物への「同化」体験が行われると思います。最初のうちはそれでよいのですが，動作化だけに集中してしまうと，登場人物の行動と心情の捉えが不十分になってしまいます。動作化の体験ができたら，登場人物の行動と心情を捉え，言葉で表す力を高めていくことが必要です。登場人物がどんな行動をして，そのときにどのように感じたのかを整理しながら捉えさせるために，表にまとめさせていきます。

手 順

①登場人物の行動（したこと）やそのときの思いや考えについて，日記として書くことを確認する。

②行動は叙述を基に探し，全体で確認する。

③行動とそのときの思いや考えはどうだったのか，日記風に叙述を基に書く。

ポ イ ン ト

　登場人物の行動（したこと）を確認させるときには，本文に線を引かせたり，短い文であれば書き抜かせたります。まずは，叙述を基に行動と心情を捉えさせるのがねらいです。

学年が上がったら登場人物への同化ではなく，少しずつ読み手としての立場からの登場人物の捉えへと移行させたいものです。しかし，いきなり読み手の立場で登場人物の心情を捉えるのは，ハードルが高いでしょう。

　そこでスモールステップとして，登場人物になってみての日記を書かせます。場面ごとでもよいですし，全体を読んでからでもよいので，回想的に書かせます。そうすることで登場人物の行動と心情をなぞりながらも，自分の読みを基にした客観的な捉えにさせることができます。

【活動例「わにのおじいさんのたからもの」】

低学年の場合は，ワークシートに本文を貼付または打ち込むとよいです。

登場人物になって日記をつけよう　名前
作品名「わにのおじいさんのたからもの」
（一）の場面の後半

本文	登場人物のしたこと	登場人物の日記
場面の本文を印刷，または打ち込みます。		
	① 川岸を歩いていて、水ぎわでねむっているわにに出会った。	今日、わにに出会った。わにがねむっていたので何だろうなあと思った。
	② そばにしゃがんでしげしげとながめた。	わにをはじめて見たのでよく見てみたら、年をとっていた。
	③ 「わにのおじいさん。」とよんでみた。	このわにはしんでいるのかなと思ったので「おじいさん」とよんだけどへんじがなくて、「おばあさん」か
	④ 「わにのおばあさん。」とよんでみた。	なと思ってよんでもうごかなかった。いったい、どっちなんだろう。生きているのかもわからない。

44

高学年になって読んでみると……

（使用場面）スキマ時間など

（つけたい力・視点）物語の読みの広がり

（ねらい）読者としての読みの成長を実感させる。

　過去に学習で使った教材文（物語）を，学年が上がってから改めて読む機会はあるでしょうか。読者である子どもたちは，学習で力を積み重ねたり，発達によって視野が広がったりしていますので，物語は，読んだ時期によって新たな発見がある場合があります。自分が成長してから既習教材を読むと，過去の読みとは違う読みができることがあります。もう一度読んで，「あのときは気付かなかったけれど，今これに気付いた」ことを交流させ，読みの力の広がりと成長を実感させましょう。

手 順

①下学年のときに読んだ物語について，どんなお話だったかを思い出させる。
②改めて物語を読む。
③改めて読んでわかったことや気付いたことを交流する。

ポイント

　高学年の子どもたちに，これまで学習で読んだ物語を読ませますが，思い出せない場合もあるので，そういうときには，読む前にお話についてみんなで交流し，思い出させてもよいでしょう。

【実践例　5年生に1年時に学習した「お手がみ」を読ませた】

※事前アンケート「当時はあまりわからなかったが，今もう一度読んでみたらもっとくわしくわかるお話は」で「お手がみ」が最も多かった。

改めて読んでわかったことや気付いたこと

・かたつむりくんがお手がみを届けるのに4日かかっている。

・がまくんはかえるくんが手紙を書いたと聞いたときはわくわくしていたと思う。だけど，だんだん不安になっていったと思う。

・初めの場面は玄関からスタートするんだなと気付いた。

・今読んだら涙が出そうになった。かえるくんの気遣いがすばらしい。

・がまくんとかえるくんは本当の親友だと思った。

・かえるくんはかたつむりくんを信用していた。

・かえるくんががまくんにネタバラシをしてしまっている。

・かえるくんは自分より足の速い人物に手紙をお願いしたら，自分ががまくんのところに到着する前に手紙が届いてしまい，感動を共有できないので，かたつむりくんにお願いしたと思った。

コピーして使える！

ワークシート様式

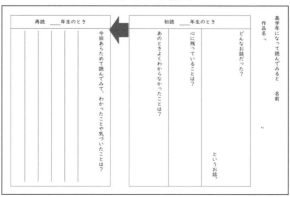

45

同日新聞記事を集めよう

使用場面 単元の導入

つけたい力・視点 メディアリテラシー

ねらい 同じ内容を伝える新聞記事を比較して，言葉の使い方と伝わり方を考えさせる。

　同じ事物に関する新聞記事を集め，比較することで，言葉の使い方と伝わり方の違いに気付かせます。同じ出来事をどのようなものの見方や考え方で伝えているか，各社の違いが言葉の違いに現れます。また，用いている言葉によって，読者への伝わり方（印象）の違いも感じることができます。

　私は大きな出来事等があった翌日にはコンビニに向かい，各社の新聞を買い揃えています（たいていは一面に記事があるはずです）。見出しの大きさ・内容や本文，写真などに注目します。

　新聞がものの見方や考え方を，言葉の使い方，出来事の伝え方，切り取り方などを駆使して伝えていることに気付くことは，物語文・説明文における表現技法を捉えるうえで参考になると思います。より言葉に対する感覚を磨かせましょう。

手 順

①先日大きな出来事があったことを子どもたちに聞く。
②翌日の新聞を黒板に掲示する。
③違うこと・同じことなどを交流を通して気付かせる。

ポイント

　新聞を集めるときには，よい出来事のときにしています。それは，子どもたちが紹介した記事に触れたときの顔がにこやかだからです。紙面を比較しながら，じっくりと違いを見比べるので，見ていて心地よい記事のときがよいです。見比べる点として，見出し・本文・写真・記事の分量があります。同じ事物の記事でも各社によって違いが出ます。それは，伝える側の意図が異なるためです。一つの情報ソースを目にしてそれを鵜呑みにするのではなく，他のものも目にしながら情報を自分で選び取っていく力を育ませたいものです。

コピーして使える！

ワークシート様式

新聞記事を比べよう
出来事「　　　」　　　名前「　　　」

新聞社名 記事の見出し	新聞	新聞	新聞	新聞
記事本文で一番伝えたいこと				
他とちがうところ				

46

題名の言葉の関係を考えよう

(使用場面) 文章の内容の学習後

(つけたい力・視点) テーマ

(ねらい) 題名に使われている言葉の関係性を考えさせることを通して，文章の内容と題名を結び付けて捉えさせる。

　題名は，文章の内容を示すとても大切なものです。ここでは，題名の中の言葉の関係性について，文章の内容を基に考えさせます。

　例えば「〇〇と□□」といった題名ならば，〇〇と□□はどういう関係性なのかを考えさせます。「大造じいさんとがん」なら「『大造じいさん』と『がん』は一体どういう関係だったのだろう」と投げかけます。

　金子みすゞの「私と小鳥とすずと」であれば，私＝小鳥＝すずなのか，私≒小鳥≒すずなのか，それとも，それぞれ違うのか，ということを考えるヒントにします。

手　順

①題名の「〇〇と□□」の関係性について自分の考えをもたせる。

②考えをグループや全体で交流する。

③交流の様子を見ながら「〇〇と□□はどういう関係？」，「□□と〇〇ではいけない？」と教師が補助発問やゆさぶり発問を入れる。

ポイント

　いわゆる「題名読み」の活動ネタです。題名には，文章で伝えたいことが集約されていたり，鍵やヒントの言葉が使われていたりします。また，人物

や事物の関係性，主題や象徴が表されていることもあります。題名のもつ意味を感じさせるために題名と文章を関連させて考える活動です。

　子どもたちの思考を働かせるために，例として，「○○と□□」の題名の文章について，「どうして，この言葉をこの順番で題名に用いているのか」という発問から考えさせます。順番を考えさせることでどういう関係性なのか改めて考え，そして，文章内容に目を向けさせるのがねらいです。

【実践】（関係性や内容に目を向けさせる手立てとして）
T：「大造じいさんとがん」の学習をしてきました。さて，このお話の題名「大造じいさんとがん」は，「がんと大造じいさん」ではいけないのでしょうか?

〈いけないと思う子どもの発言：「大造じいさんとがん」がよい〉
C：なぜなら，大造じいさんが主役だから。
C：大造じいさんは人だから。鳥と比べたら人のほうだから。
C：がんといっても，どのがんかわからないから。いっぱいいるし。

〈よいと思う子どもの発言：「がんと大造じいさん」がよい〉
C：がんに一生懸命になった大造じいさんだから。
C：がんのほうがすごいから。

〈どちらでもいいと思う子どもの発言〉
C：仲間みたいになったから，順番はどっちでもいいと思う。
T：これは，難しいね。何かいい方法はないかな。
C：言葉を付け足してみる。
T：どういうことかな?
C：例えば，「大造じいさんとがんの〜」みたいな。「〜」に言葉を入れて，それでお話に合うかどうか考えるといいかもしれない。そうしたら，どういうもの（関係性）なのかもわかる（この後，グループで話し合い）。

子どもたちに題名を基に文章の内容と関連付けて考えさせるのがねらいなので，白黒決めずともよい交流です。助詞「と」によって並列的な関係性をもちますが，並べられた２つの言葉が対比的な関係の意味をもっていることもあります。また，２つの言葉（二者）の関係が主題として題名になっていることもあります。そういうところに目を向けさせていきます。

　各教科書会社の教材には，「○○と□□」型の題名をもつ教材がいくつもあります。

教科書会社	教材名
光村図書	「アップとルーズで伝える」（４年）
教育出版	「すみれとあり」（２年）
	「アレクサンダとぜんまいねずみ」（２年）
	「くらしと絵文字」（３年）
	「川とノリオ」（６年）
東京書籍	「はりねずみと金貨」（３年）
	「ヤドカリとイソギンチャク」（４年）
	「くらしの中の和と洋」（４年）
学校図書	「合図としるし」（３年）

ちょっとした交流で役立つ「交流カード」

読みの醍醐味である「共有」の活動

　読みの活動では，交流において自分と同じ読みであったり，自分が気付かなかった読みとの出会いがあったりするのが楽しいものです。交流は，人数面では，隣の人とのペア交流，少人数でのグループ交流，学級全体での全体交流などがあり，方法面では，子どもたち同士のトークでの交流や，付箋に書いての交流，教師と子どものやり取りでの交流などが挙げられます。

　子どもたち同士で交流させる際にノートやワークシートを見合い，そこに付箋などでメモを残してあげるという方法をとることがありますが，時に時間的なことから「ガッツリ」見合うのではなく，「ざっと」見合ってほしいなあと思うことがあります。そんなときに使うのが「交流カード」です。カードの種類は友達の考えに対して思った「気持ちカード」と，自分の考えと比較した「考えカード」です。「考えカード」では，「違うカード」だと否定されたと感じる子もいるので，「それもあったかカード」という名前にします。使い方は，友達のノートやワークシートを見た後にカードを友達の机に置いて帰ります。カードの表面には名前の記入だけをします。裏面には必要に応じてひと言書けるようにしています。「気持ちカード」と「考えカード」を1枚ずつ置き，もらったカードは机の上に置かせます。「考えカード」は色分けしていますので，教師と子どもでの全体交流をする際に教師が子どもの机上を見ることで，子どもたちの考えの状況をいつでもひと目で確認できます。教師が授業を進めるうえで，指名のときの助けにもなります。

47

レーダーチャートで
自分の読む力を振り返ろう

使用場面 単元の導入時と終わりの振り返り時

つけたい力・視点 振り返り（メタ認知的に自分を捉える）

ねらい 単元の学習前後に，自分の力がどのくらい変わったかを振り返らせる。

　振り返りを記述のみでさせると，子どもによっては，どういう観点で自分を振り返ればよいか困り感を感じたり，反対に思いばかりが強い記述になってしまったりします。そうなると，どのくらい力が付いたと思うのか，自分の成長をはっきりと認識しにくいことがあります。そこで，レーダーチャートを用いて可視化させます。

手 順

①単元のねらいに沿って，子どもたちに付けたい力の観点を設定する。

②単元の初めに，現在の自分の力を観点ごとに数値のところに印を入れ，図形で表す。

③単元の終わりに，現在の自分の力を観点ごとに数値のところに印を入れ，図形で表させ，どのくらい伸びたかを確かめさせる。

ポ イ ン ト

　レーダーチャートで自分の力を評価させます。記述部分も設け，そこにはレーダーチャートを見て思ったことや単元の学習でできるようになったことを書かせます。

【例「大造じいさんとがん」】

before「単元の初め」の自分の読みの力をレーダーチャートで表させる。

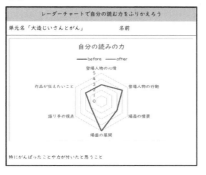

after「単元の終わり」の自分の読みの力をレーダーチャートで表させ、振り返りも文章で書かせる。

コピーして使える！

ワークシート様式

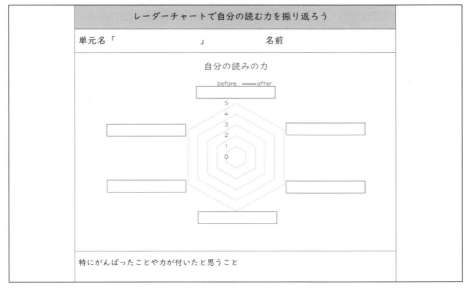

48

こんな題名ダメですか？

使用場面 単元の後半（内容を把握後）

つけたい力・視点 物語の内容把握・主題

ねらい お話の内容を楽しみながら確認させる。

　物語文や説明文の学習の際に，どんなお話か確認させることがあります。「どんなお話？」とストレートに聞くのもよいのですが，少し子どもの知的感覚をくすぐる聞き方をしてみます。題名をあえて変えて，それではいけない理由を考えさせます。

手 順

①授業の振り返り段階で，教師が変えた題名を言う。
②「よいかよくないか」「どうしてよくないのか」を問う。
③問いについて，グループや全体で交流する。

ポ イ ン ト

　子どもたちに，変えた題名が合うのか合わないのか，理由を考えて話し合わせます。なぜ，そう思うのか，その理由をお話の叙述を根拠に答えさせます。お話の内容について叙述を根拠に考えさせる力をねらっています。最初は，明らかに違うようなものから始めるとのってきます。教師は，あえて白黒つける必要はありません。

元々の題名	変えた題名と子どもの反応
「お手紙」	「お手玉」→字が違う。
	「お葉書」→おしい。葉書じゃない。
	「お友達」→う〜ん。いい感じかもしれない。
	だけど，元々の題名と違う……。
	友達になるからいいんじゃないかな……。
「きつねのおきゃくさま」	「きつねのおともだち」
	→「おきゃくさま」と「おともだち」では違う。どう違うかというと……。
	「きつねはおきゃくさま」
	→おきゃくさまのほうじゃない。
「白いぼうし」	「黄色いぼうし」→色が違う。
	「白いちょう」→もんしろちょうの場面があるから，いいかもしれないけど……。
	「白いタクシー」→タクシーは白色だったかなあ……。

【やりとりの例「きつねのおきゃくさま」】

T：「きつねのおきゃくさま」の題名を「きつねのおともだち」に変えてみたらどう？

C：よくないと思います。なぜなら，「おきゃくさま」と「おともだち」では違うからです。このお話では，きつねがあひるたちをしょうたいしてたから，「おきゃくさま」になっていると思います。

C：でも，あひるたちはきつねのことを「おにいちゃん」って言ってたから「おともだち」でもいいんじゃないかな。お友達になったかもしれないし……。

49

ラスト一文から・ラスト一文に

（使用場面）物語の終末部分の学習のとき

（つけたい力・視点）作品のエンディングや登場人物の心情把握

（ねらい）作品のラスト一文から受ける印象や登場人物の思い，作品に対する自分の思いを表現させる。

　作品に用いられている言葉一つ一つには，作者の意図が詰まっています。ラスト一文はなおのことです。この活動では，ラスト一文から考えたり，もう少し言葉を付け加えるとしたら……ということをします（付け加えは作品を台なしにすると捉えられるかもしれません。作品の改変はあってはいけないことですが，ここでは，読者に伝えきれなかったことや登場人物の思いに迫り，より作品を捉えさせるためですのでご理解ください）。

　「ラスト一文からどんなことを感じた（思った）？」「ラスト一文にもう一文付け加えるとしたら？」という活動ネタです。

手 順

①物語文を最後まで読んでおく。

②「ラスト一文は作品を閉じる大事な文です」。この一文から，「どんなことを思った（感じた）？」「もう一文付け加えるとしたら，どんな文にするか」を考えさせる。

③まとめたものをグループや全体で交流する。

ポイント

　作品の最後の一文の捉え方は，客観的になることが多いと思います。「き

れいな終わり方だった」とか「さびしい感じがした」ということが出た場合，どうして「きれい」と思ったのか，「さびしい感じ」と思ったのか，理由も述べさせます。読者がどんな受け止め方をしたのかということを交流させたいからです。

　「もう一文付け加えるとしたら？」は，最後の一文で説明しきれないことや，余韻的なものから伝えたかったことを言語化させます。登場人物の思いをさらに深掘りさせるためです（付け加えは作品の内容に沿ったものにします）。作品の内容を改変するという意図ではありません。印象的な閉じ方にさせるために，あえて詳しい説明を省いていることも考えられます。その説明されていないことをつかませるのがねらいです。

作品	ラスト一文
お手紙	お手紙をもらって，がまくんはとてもよろこびました。
一つの花	今日は日曜日，ゆみ子が，小さなお母さんになって，お昼を作る日です。
ごんぎつね	青いけむりが，まだつつ口から細く出ていました。

　ここに，みなさんがラスト一文を付け加えるとしたら，どういう文にしますか？

50

文章の特徴的な言葉を使って短文を作ろう

（使用場面）　単元の後半やスキマ時間

（つけたい力・視点）　語彙

（ねらい）　教材文に出てきた言葉をより自分のものへと引き寄せ，文章の理解を深めさせるとともに，語彙の拡充を図る。

　教科書の物語文や説明文は，吟味された言葉を使って表現されています。言い回しの宝庫です。しかし，子どもたちは，普段はそれらの言葉を強く意識して音読や黙読をしていないことがあります。

　せっかく優れた表現技法を用いて書かれている文章を学習しているのですから，出てきた言葉を実際に子どもたち自身が使ってみることを通して，もっと特徴的な言葉を子どもたちの側に引き寄せたり，使える言葉の引き出しを増やしたりしたいものです。そこで，文章中に出てきた特徴的な言葉を使い，例文を作る活動を行います。

　作者や筆者が文章において使っている特徴的な言葉をピックアップしていくと，作者や筆者のものの見方や考え方，物語文であれば登場人物のものの見方や考え方の理解にもつながっていきます。

手　順

①学習した教材文の中から，特徴的な言葉や表現を洗い出す。教師があらかじめ用意してもよいし，子どもたちと探してもよい。

②特徴的な言葉や表現を使って，短文を作る。

③できた短文をグループや全体で交流する。

ポ イ ン ト

　子どもたちにとって，普段聞きなれない言葉や表現のほうが，やりがいがあります。「この言葉って，どういうシチュエーションで使うものなのかな？」という思考が働きます。

　全体で交流させるときには，一人ずつ紹介してもよいですし，Google Classroom などの ICT を活用して，「いいね」的なコメントを互いに付け合うのも楽しいです。

文章の言葉を使って短文を作ろう　名前

教材名「大造じいさんとがん」

☆教材文で出てきた特ちょう的な言葉を使って短文を作ろう

特ちょう的な言葉	短文
会心のえみ	○○さんは、テストに出そうなところを一生けんめい勉強したら百点だったので、会心のえみをもらしていた。
今年こそは目にもの見せてくれるぞ	今年の運動会の徒競走こそは、一位をとって、みんなに目にもの見せてくれるぞ。
様子の変わった所には、近づかぬがよいぞ	遠足で山に行ったときには、危険があるかもしれないので、様子の変わった所には、近づかぬがよいぞ。
してやられた	今年のマラソン大会は楽勝だと思って練習の手をぬいていたら、みんなにしてやられて結果が悪かった。

おわりに

　国語科教育において，どうしたら楽しくて知的な活動ができるのだろうか
と日々考えています。「こういう活動をしてみたい！」「この活動やってみた
ら子どもたちはどんな反応だろう？」「この活動は楽しいだろうか？」「活動
を通して力がつくか？」など，ふと頭に浮かんだときには忘れないように
メモ用紙に書くようにしています。思い浮かんだアイデアは上手くいくように
願い，練り上げていきます。活動ネタを準備するワクワクと授業で上手くい
くのかのドキドキ，そして，子どもたちが乗って取り組んでくれたときの達
成感，すべてが大事な瞬間です。

　試行錯誤しながら，何度か繰り返して実践した中から生み出されたのが本
書の活動ネタです。本書の活動から，子どもたちが「読むこと」の学習に楽
しさを感じたり，「読むこと」の学習における見方を広げてくれたりする方
法が伝わっていればこのうえなく嬉しいです。

　これまでの国語科の学習で上手くいったときもいかなかったときも，あき
らめずに一緒に学習を作り上げてきた全ての子どもたちに感謝しています。

　国語科教育について本音で語り合い，学び合うことができる津軽地区国語
科研究会会長の福田真実先生とメンバーのみなさん，同研究会で共に学んで
いたときからいつも夢と刺激を与えてくださる筑波大学附属小学校の弥延浩
史先生，国語科教育の動向について教えていただいたときから様々な面で御
指導くださっている成田頼昭先生，企画段階から親身になってアドバイスい
ただいた担当の林知里さん，支えてくれている家族に感謝いたします。

山本　　亘

参考文献

青木伸生著『「フレームリーディング」でつくる国語の授業』東洋館出版社，2013年

阿部昇著『国語力をつける物語・小説の「読み」の授業―PISA読解力を超えるあたらしい授業の提案―』明治図書出版，2015年

大村はま著『大村はま国語教室　第4巻』筑摩書房，1983年

後藤武士著『やさしい国語読解力』宝島社，2006年

小林真大著『やさしい文学レッスン―「読み」を深める20の手法』雷鳥社，2021年

西郷竹彦著『西郷文芸学入門ハンドブック①文芸学入門』明治図書出版，1995年

西郷竹彦著『西郷文芸学入門ハンドブック④人物論入門―作者・人物・読者』明治図書出版，1995年

西郷竹彦著『西郷文芸学入門ハンドブック⑤表現論入門―表現・文体・構造』明治図書出版，1995年

西郷竹彦監修『文芸研・新国語教育事典』明治図書出版，2005年

佐藤佐敏著『国語教育選書　国語科授業を変えるアクティブ・リーディング―〈読みの方略〉の獲得と〈物語の法則〉の発見―』明治図書出版，2017年

渋谷孝・市毛勝雄編著『言語技術を生かした新国語科授業　小学校編6　4年の説明文教材「花を見つける手がかり」「アーチ橋の仕組み」』明治図書出版，1998年

白石範孝著『プレミアム講座ライブ　白石範孝の国語授業のつくり方』東洋館出版社，2009年

田近洵一著『創造の〈読み〉新論―文学の〈読み〉の再生を求めて』東洋館出版社，2013年

田近洵一編『文学の教材研究―〈読み〉のおもしろさを掘り起こす』教育出版，2014年

田中実・須貝千里編『文学の力×教材の力　小学校編1年』教育出版，2001年

田中実・須貝千里編『文学の力×教材の力　小学校編5年』教育出版，2001年

田中実・須貝千里編『文学が教育にできること―「読むこと」の秘鑰』教育出版，2012年

鶴田清司著『授業で使える！論理的思考力・表現力を育てる三角ロジック　根拠・理由・主張の3点セット』図書文化社，2017年

永野賢著『若い教師のための文章論入門』明治図書出版，1990年

永野賢・大熊徹編著『文章論で国語の授業を変えよう』明治図書出版，1991年

中村龍一著『「語り論」がひらく文学の授業』ひつじ書房，2012年

難波博孝・三原市立三原小学校著『国語科授業改革双書No.2　PISA型読解力にも対応できる　文学体験と対話による国語科授業づくり』明治図書出版，2007年

浜本純逸監修『文学の授業づくりハンドブック―授業実践史をふまえて―』（第1巻～第3巻），渓水社，2010年

前田愛著『増補　文学テクスト入門』筑摩書房，1993年

三好修一郎著『国語教育シリーズ　小学校　文学教材を深く読むための国語授業デザイン―3ステップで主体的・対話的な学びを実現する―』明治図書出版，2017年

森山卓郎・達富洋二編著『国語教育の新常識―これだけは教えたい国語力―』明治図書出版，2010年

山田敏弘著『国語を教える文法の底力』くろしお出版，2009年

山田敏弘著『国語を教えるときに役立つ基礎知識88』くろしお出版，2020年

「読み」の授業研究会・関西サークル著『小学校国語科「言葉による見方・考え方」を鍛える物語の「読み」の授業と教材研究』明治図書出版，2019年

【著者紹介】

山本　亘（やまもと　わたる）

青森県出身。

大学卒業後，青森県内の教員として数年勤めた後，大学院研修。

弘前大学大学院教育学研究科国語科教育専攻修了。

現在，青森県弘前市内小学校教諭。津軽地区国語科研究会（初等教育研究会弘前支部）のスタッフとして，研修会の運営を行っている。

日本国語教育学会会員

日本近代文学会会員

初等教育研究会弘前支部事務局長

〔本文イラスト〕木村美穂

国語科授業サポート BOOKS

言葉の力が楽しく身につく！
「読むこと」の活動ネタ事典

2023年8月初版第1刷刊　©著　者　山　　本　　　　亘
　　　　　　　　発行者　藤　原　光　政
　　　　　　　　発行所　明治図書出版株式会社
　　　　　　　　　　http://www.meijitosho.co.jp
　　　　　　　　（企画）林　知里（校正）井草正孝
　　　　　　　〒114-0023　東京都北区滝野川7-46-1
　　　　　　　　振替00160-5-151318　電話03(5907)6703
　　　　　　　　　　ご注文窓口　電話03(5907)6668
＊検印省略　　　　組版所　藤　原　印　刷　株　式　会　社

Printed in Japan　　　　　　　ISBN978-4-18-366825-7
もれなくクーポンがもらえる！読者アンケートはこちらから →